Drs. Les e Leslie Parrott
Traduzido por Daniele Pereira

namoro.com

Encontrando o par perfeito (de Deus) por meio da internet

Evitando os mentirosos, fracassados e esquisitos

1ª Edição

CPAD

Rio de Janeiro
2013

Todos os direitos reservados. Copyright © 2013 para a língua portuguesa da Casa Publicadora das Assembleias de Deus. Aprovado pelo Conselho de Doutrina.

Título do original em inglês: *dot.comdating*
Tyndale House Publishers, Carol Stream, Illinois, EUA
Primeira edição em inglês: 2010

Tradução: Daniele Pereira
Preparação dos originais: Elaine Arsenio
Adaptação de capa e projeto gráfico: Elisangela Santos
Editoração: Elisangela Santos

CDD: 248 - Vida Cristã
ISBN: 978-85-263-1078-0

As citações bíblicas foram extraídas da versão Almeida Revista e Corrigida, edição de 1995, da Sociedade Bíblica do Brasil, salvo indicação em contrário.

Para maiores informações sobre livros, revistas, periódicos e os últimos lançamentos da CPAD, visite nosso site: http://www.cpad.com.br

SAC — Serviço de Atendimento ao Cliente: 0800-021-7373
Casa Publicadora das Assembleias de Deus
Av. Brasil, 34.401, Bangu, Rio de Janeiro – RJ
CEP 21.852-002

1ª edição: Junho/2013
Tiragem: 5000

Dedicamos este pequeno livro às pessoas solteiras em todos os lugares, que amam sua fé e são fiéis ao seu amor.

Sumário

Introdução: Megapixels e Modems — O Novo Normal para Namoros?..................9

Parte 1: Os Seis Grandes Mitos do Namoro Online

1. Mito: O Namoro Online Carrega um Estigma Constrangedor........................17

2. Mito: Namorar Online Significa que Você Está Desesperado........................23

3. Mito: Sites de Relacionamentos Gratuitos São as Melhores Pechinchas..............29

4. Mito: Apenas Mentirosos, Fracassados e Esquisitos Estão em Sites de Namoro.........37

5. Mito: O Namoro Online Tira o Romantismo da Experiência........................43

6. Mito: O Namoro Online se Opõe à Orientação de Deus........................49

Parte 2: Seis Maneiras de Saber se o Namoro Online É para Você

7. O Namoro Online É para Você... Se Está Cansado de Esperar que o Amor o Encontre..............59

8. O Namoro Online É para Você... Se Deseja Aumentar de Modo Instantâneo e Radical as suas Chances para o Amor........................67

9. O Namoro Online É para Você... Se Deseja Encontrar seu "Par Ideal" — um Namoro que Valha a Pena 75

10. O Namoro Online É para Você... Se Deseja Usar seu Tempo e seu Dinheiro com Sabedoria........................ 83

11. O Namoro Online É para Você... Se Você Fracassou no Amor e Está Pronto para Descobrir o que É o Amor Verdadeiro..89

12. O Namoro Online É para Você... Se Você Quer se Proteger da Dor Emocional e do Perigo..................... 95

Parte 3: Cinco Perguntas que Você Deve Fazer antes de se Cadastrar

13. O Site se Dedica a me Ajudar a Encontrar o Verdadeiro Amor?.. 105

14. O Site Baseia-se na minha Fé e Está em Harmonia com minhas Crenças Pessoais?... 111

15. O Site Aproveita bem minha Personalidade para Maximizar as Combinações?................................... 117

16. O Site Refina os Candidatos em Potencial para mim?... 125

17. O Site me Ajuda a Olhar além de uma Simples Foto e um Parágrafo?.. 131

Sobre os Autores 137

Notas.. 139

Introdução

Megapixels e Modems — O Novo Normal para Namoros?

Conheci meu marido online. Morávamos a uma distância de três ruas um do outro, mas nunca teríamos nos encontrado de outra forma.
— VICKIE WAGONER

Um homem lança um olhar para uma mulher no outro lado da sala. Ela inclina levemente a cabeça ao vê-lo. Então levanta os ombros e mexe no cabelo. Os olhares se cruzam por um breve momento. Ela sorri, e lentamente baixa as pálpebras, inclinando a cabeça para o lado. Um volume de linguagem corporal é escrito entre eles em poucos segundos. O entusiasmo do interesse mútuo leva o homem a caminhar na direção dela e puxar assunto, e possivelmente convidá-la para um encontro.

Isso poderia acontecer em qualquer lugar: escola, igreja, uma festa, um restaurante, e até na fila do supermercado. Mas atualmente, para muitas pessoas essas faíscas românticas provavelmente só serão encontradas online, enquanto estão conectados.

Não há como negar. Pessoas estão encontrando o amor de suas vidas na Web com a mesma frequência que poderia ocorrer em outro lugar. *Mais de um terço dos 97 milhões de solteiros americanos estão namorando online.* Com o clique de um mouse, pessoas solteiras estão conhecendo outros solteiros. Na verdade, mais da metade das pessoas que contratam um serviço de relacionamentos online namoram alguém que conheceram pela internet. De acordo com Mark Penn, autor do livro *Microtendências*, um em cada cinco americanos na faixa dos vinte anos, e um em cada dez na faixa dos trinta anos ou mais, espera ativamente encontrar o amor de sua vida online.[1] E os números aumentam a cada dia.

Está funcionando? A resposta é um inequívoco *sim*. Solteiros em todos os estágios e idades não só estão encontrando alguém para namorar; eles também estão encontrando o matrimônio. Toda semana ouvimos a respeito de casais felizes que se conheceram no ciberespaço e estão desfrutando o casamento juntos. Dentre os casais que se casaram no último ano, o número dos que se conheceram por meio de serviços de relacionamento online é duas vezes maior se comparado a eventos sociais.[2] De acordo com um estudo recente realizado por um grupo de consumidores, uma em cada cinco pessoas que utilizaram sites de relacionamento se casaram com alguém que conheceram online. Isso corresponde a um número maior que o de casais nos Estados Unidos que dizem ter se conhecido na igreja.[3]

Por que escrevemos este livro

Como um psicólogo (Les) e uma terapeuta matrimonial e familiar (Leslie), pensamos muito sobre relacionamentos.

Introdução

Escrevemos livros sobre o assunto. Ministramos cursos em universidades sobre relacionamento e matrimônio. Na maioria dos fins de semana você nos encontrará palestrando em um seminário sobre relacionamento, geralmente em uma igreja, em algum lugar na América do Norte. Temos um site (RealRelatioships.com) em que fornecemos vídeos complementares em resposta a perguntas sobre relacionamento que as pessoas nos enviam. Participamos de entrevistas na TV, no rádio e em revistas quase semanalmente.

Por tudo isso, a cada ano ouvimos milhares de solteiros em todo o país. E a pergunta que mais fazem é: Você acha que devo tentar um namoro online?

A pergunta costuma vir do coração sincero de pessoas que estão genuinamente querendo saber quando ou se vão encontrar o amor de suas vidas. A sinceridade por trás dessa pergunta frequente — feita por jovens que nunca se casaram e também por pessoas mais maduras, viúvas ou divorciadas — nos colocou em uma busca alguns anos atrás para pesquisar todos os ângulos da prática de namorar online. No fim, isso resultou em mais que apenas este livro; resultou em um chamado que nos impeliu a criar juntos um site de relacionamentos que faz algo para solteiros cristãos que nenhum outro site já fez. Vamos lhe dar informações sobre ele, de forma sucinta, no final deste livro.

Nossa promessa para você

Por enquanto, queremos simplesmente lhe dar informações de nossa pesquisa que acreditamos que você possa achar útil quando se trata de ser esperto quanto a essa ferramenta cada vez mais popular de namoro eletrônico. Quer você se renda à internet para encontrar seu alguém especial, quer decida confiar em meios "antiquados" de encontrar o romance, queremos ajudá-lo a melhorar seu "QI amoroso" abrindo seus olhos acerca de suas opções. Isso é verdade mesmo se você já tentou namorar online e acabou se tornando cético.

Elaboramos este livro curto e objetivo. Cada capítulo é composto de poucas páginas porque não queremos sobrecarregá-lo com detalhes desnecessários. Prometemos ir ao centro da questão mantendo o foco nos três pontos principais a seguir:

- Primeiro, vamos desconstruir os mitos que muitas pessoas ainda sustentam sobre namorar online, comumente porque são mal informadas ou estão confiando em informação antiga.
- Segundo, vamos ajudá-lo a determinar se namoro online é para você, e lhe mostraremos seis formas de ter certeza disso.
- Finalmente, lhe daremos uma lista de perguntas que você deve responder antes de se cadastrar em qualquer site de relacionamentos. Elas podem ser decisivas na sua experiência de namoro online.

Antes de concluirmos esta introdução, queremos que saiba de algo. Escrevemos cada palavra deste livro com você em mente. Não o conhecemos, é claro, mas *sabemos* que você é sincero quanto a encontrar aquele alguém especial. Se não fosse, não leria este livro. Supomos que você poderia estar em qualquer etapa na faixa dos vinte anos ou em uma fase mais

Introdução

madura. Pode nunca ter se casado, ou pode ser um viúvo ou divorciado. Também supomos que você é uma pessoa com alto padrão moral e que mantém uma fé cristã pessoal. Você não está em busca do conhecido "ficar"; não está circulando pela vida noturna em busca de qualquer pessoa disponível. Está esperando pelo melhor que Deus tem para você. E é nossa oração sincera que você encontre — e logo. Este livro dedica-se a ajudá-lo a fazer isso.

Com nossos melhores votos e orações,

– Les e Leslie Parrott
Seattle, Washington

Parte 1

Os Seis Grandes Mitos do Namoro Online

> O namoro online
> revolucionou
> a forma de as
> pessoas encontrarem
> companheiros em potencial.
> – Ellen McCarthy

1

Mito: O Namoro Online Carrega um Estigma Constrangedor

As pessoas ouvem histórias de sucesso, tentam fazer o mesmo, se desprendem do estigma e mais tarde declaram com orgulho: "Nós nos conhecemos em um serviço de encontros online".
– Joe Tracy[1]

Começou com o primeiro casal a se conhecer online. Foi em 1982, quando Chris Dunn conheceu Pam Jensen por meio de um programa chamado CompuServe CB Simulator. Usuários em todo o mundo podiam se conectar em uma versão antiga de sala de bate-papo. Depois de alguns meses de bate-papo online, Chris viajou de Nova York a Chicago para se encontrar com Pam. Pessoas diziam que isso não iria durar, e até o pai de Chris achou que fosse uma piada. Porém, um ano depois, Chris e Pam trocaram os votos matrimoniais.

O namoro e o casamento deles foi destaque em vários programas de televisão e em artigos de jornais, incluindo uma matéria no *The New York Times* intitulada "Of Bytes and Bulletin Boards" [Sobre Bytes e Sistemas].[2] Isso foi há mais de vinte e cinco anos, e Chris e Pam ainda estão apaixonados e felizes no casamento.

Atualmente, é claro, um casal que se apaixona online raramente é notícia nos jornais. Mas Pam e Chris estavam traçando um novo território. "Na época", Pam recorda, "computadores não eram tão comuns em nossas casas e em nossa vida diária. Para muitas pessoas, a geração de meus pais e seus amigos, parecia muito estranho, uma ideia suspeita demais até mesmo para conversar a respeito".

Hoje o casal mora no norte de Chicago. "Se não fosse do jeito que nos encontramos, acho que poderíamos ser qualquer outro casal unido pelo matrimônio", diz Chris. "Sempre a amei. Ela me ama. É muito fácil amar minha esposa."[3]

Essa parte pode ser fácil, mas no início Chris e Pam tiveram que suportar muita desconfiança dos outros. E isso também acontece com outros casais que algumas vezes se sentiram impelidos a esconder o fato de que se conheceram online.

Isso se chama "estigma"

"Como vocês se conheceram?" A pergunta foi feita a um grupo de esposas recém-casadas em uma aula na Escola Dominical.

Fizemos um círculo e cada uma teve um momento para contar sua história romântica. Então chegou a vez de Tracy falar: "Nós nos conhecemos pela internet".

Após um momento de silêncio, a professora comentou: "Sério?! Por que uma jovem atraente e extrovertida como você precisou recorrer a essa medida drástica?"

Os Seis Grandes Mitos do Namoro Online

É o "estigma" — um meio socialmente depreciativo de classificar os outros como pessoas que vão contra a norma. É um estereótipo indesejável. Evoca desaprovação, desgraça e vergonha, e baseia-se em impressões sem informação.

Essa professora de Escola Dominical é um exemplo perfeito de alguém que perpetua um estigma social desinformado do namoro online. Mas, verdade seja dita, o exemplo acima ocorreu há mais de uma década. Hoje, essas impressões mal informadas sobre o namoro online são raras.

Assim, se você está constrangido por um estigma obsoleto do namoro online, de alguma forma foi atingido por uma noção transitória que morreu anos atrás. Sim, encontrar o amor online costumava ser visto com desconfiança. Mas era assim com quase tudo relacionado à internet. Afinal, esse mecanismo moderno ainda é recente. Era 6 de agosto de 1991 quando o primeiro web site foi criado para explicar o que era a World Wide Web e como as pessoas poderiam comprar um browser e configurar um servidor de web. *O quê?* Muitas pessoas zombam diante da ideia visionária de usar seus computadores para comprar sapatos, baixar músicas ou fazer reserva em um hotel. Então por que alguém acessaria a internet para encontrar o amor?

É claro, isso foi naquela época. Estamos falando de agora. E hoje o estigma do namoro online praticamente desapareceu. Todo o mundo conhece alguém que encontrou o amor de sua vida pela internet. Até celebridades falam sobre usar sites de relacionamentos para encontrar o amor. Realizamos um número suficiente de seminários sobre casamento em igrejas nos Estados Unidos para saber que em toda congregação há casais que dizem com orgulho que se encontraram online. Claro, alguns resistentes desinformados ainda insistem em perpetuar o estigma, porém esse número está diminuindo rapidamente.

A internet da sua avó?

Se você está procurando provas de que o namoro online praticamente se livrou de qualquer vestígio de estigma constrangedor, dê uma olhada na geração anterior à sua. Você pode pensar que pessoas mais velhas quase não ligam um computador, mas está errado. Todos nós sabemos o quanto o namoro online é popular entre as gerações mais jovens, mas — você está preparado para isto? — o grupo que cresce mais rápido no uso de sites de namoro é o de idosos solteiros.[4]

Quando o marido de Hilda Gottlieb faleceu seis anos atrás, aos 72 anos de idade, ela estava determinada a não deixar que a perda tirasse o seu melhor. Então ela voltou-se para o namoro online.

"Eu estava com 64 anos quando meu marido morreu, e sabia que não ficaria sozinha o resto da minha vida", disse Gottlieb ao *Palm Beach Post*.[5]

Gottlieb deparou-se com o perfil de Marv Cohen, então com 72 anos, e decidiu enviar um e-mail para ele. O e-mail levou a um encontro e, por fim, a um relacionamento romântico. Desde então, eles se divertem na companhia um do outro.

O ponto é que o namoro online atualmente é visto como socialmente aceitável mesmo entre muitas das pessoas que talvez fossem as mais desconfiadas poucos anos atrás.

Namoro online agora é tendência dominante

"O estigma do namoro online caiu definitivamente porque as pessoas o estão defendendo, conversando com os amigos sobre o assunto, partilhando histórias com familiares", afirma Lija Jarvis, responsável por uma ampla pesquisa sobre namoro na internet.[6] Outro estudo, conduzido pela empresa de pesquisa Chadwick Martin Bailey, mostra a rapidez com que o namoro online — existente há menos de duas décadas — revolucionou a forma de as pessoas encontrarem parceiros em potencial.

"Ele parece ter substituído todas as outras formas de namorar", diz Susan Frohlick, antropologista cultural da Universidade de Manitoba que estuda namoro online. "Eu diria que foi nos últimos cinco anos que ele se tornou tendência dominante."[7]

Assim, se você está constrangido por um preconceito antiquado contra o namoro online, faça o melhor que puder para superá-lo. Passe por cima do seu orgulho, e o estigma obsoleto ao qual está preso desaparecerá.

LEMBRE-SE

Qualquer estigma remanescente sobre namoro online ao qual você ainda possa estar preso só vai sobrecarregá-lo nesse processo. Então aqui há algumas dicas para se livrar dele.

Converse com outros adeptos do cibernamoro: Se você acha que namorar online significa fazer algo repreensível — algo que simplesmente não costuma ser feito — precisa conversar com algumas pessoas dos milhares que estão fazendo isso. Quanto mais conversar com outras pessoas, mais verá o quanto isso pode ser normal.

Converse com pessoas que têm histórias bem-sucedidas de namoro online: Assim como conversar com pessoas que namoram online pode ajudá-lo a ver esse processo como de fato é, conversar com casais que encontraram o amor de suas vidas online também será esclarecedor. Apenas pergunte por aí. Quase todo o mundo conhece alguém que se casou como resultado de um encontro online. Pergunte a algumas dessas pessoas como foi o processo para elas. Se forem como a maioria dos que conheceram alguém online, ficarão empolgadas para lhe contar suas histórias e relatar experiências.

Leia livros sobre namoro online: Se você precisa de mais evidências do quanto o cibernamoro está em voga, examine a seção de relacionamentos de qualquer grande livraria. Verá diversos livros sobre encontrar o amor pela internet. Na verdade, há tantos livros que alguns são dirigidos a grupos específicos, como cinquentões ou viúvas, etc.

2

Mito: Namorar Online Significa que Você Está Desesperado

É uma característica da sabedoria não fazer coisas desesperadas.
– Henry David Thoreau

Após anos solteiro, Doug Broxson experimentou namorar online por capricho. E foi quando conheceu Pat Montesino. Ela também era cética em relação ao namoro online. Ele tinha certeza de que não iria se casar de novo depois da morte de sua esposa. Contudo, ao conhecer Pat, descobriram que tinham muito em comum. Eles sentiram uma conexão imediata logo no primeiro encontro, e na hora certa Doug pediu a Pat algo que lhe parecia inimaginável tempos atrás: ele a pediu em casamento. "Eu achava que era feliz sozinho, até conhecer Pat. Então soube o que era a felicidade, vivendo em um paraíso com minha melhor amiga", declara Doug.[1]

Inúmeras histórias como essa são contadas todos os dias, sobre solteiros que eram relutantes a experimentar o namoro online. Eles podem ter tido milhares de razões, porém uma das mais comuns é que achavam que namorar online significaria que estavam desesperados. Só que nada poderia estar mais longe da verdade. Acessar a internet para encontrar alguém especial não significa que você perdeu as outras opções; significa que está sendo esperto quanto a buscar o amor.

Considere Julie, de 31 anos. Ela demorou a se conectar, mas foi convencida quando uma de suas melhores amigas encontrou o amor de sua vida em um site de relacionamentos. "Estou online há apenas três semanas. Estou adicionando cerca de seis candidatos interessantes por dia, e geralmente dois ou três desses rapazes entram em contato. Mas estou seguindo o meu ritmo. Não estou com pressa", diz Julie. "Fui a dois encontros. Os dois rapazes eram, de fato, agradáveis, mas ainda não houve uma química." É claro que ela não está desesperada. Só está sendo inteligente. "Estou seguindo essa abordagem", ela diz. "Deixe que eles continuem chegando! Cada rapaz que chega pode estar mais perto do homem dos meus sonhos."

Por favor, me ame

Todos nós vemos atitudes de extrema ansiedade, comportamento pegajoso e entonações "melosas" que clamam: *Por favor, me ame!* E ninguém acha isso atraente. Mas se você pensa que todos os milhões de solteiros que estão online têm essa atitude desagradável, está muito enganado. É claro que há candidatos online desesperados, assim como há em ambientes tradicionais.

Você conhece o tipo: sempre procurando obter elogios, com medo de levar um fora e em constante necessidade de atualizar o relacionamento ("O que está acontecendo entre nós?"). Pretendentes desesperados também vão tolerar tratamentos medíocres em uma relação e arranjar desculpas para as grosserias ou hábitos nocivos de seus parceiros. Por quê? Porque não conseguem suportar a ideia de não ser querido por alguém. Tudo isso se resume em insegurança pessoal. E pode ser encontrado tanto online quanto offline. Não tem nada a ver com tentar encontrar o seu par em um site de relacionamentos.

Na verdade, pretendentes desesperados geralmente são pessoas que ajustam rapidamente seus padrões e aceitam quase todos em vez de nenhum. Eles negociam suas crenças e tentam se convencer de que gostam de certas qualidades de que, no fundo, não gostam. O namoro online ameniza essas tendências porque une pessoas com base no gosto que elas expressaram previamente. Assim, podemos afirmar facilmente que, em sites de relacionamentos bem conceituados, as pessoas poderão encontrar os pretendentes mais seguros e menos desesperados no território dos solteiros.

Carl, um adepto do namoro online que está na faixa dos 30 anos, explica bem: "O encontro online por meio de um site de relacionamentos não é diferente de um encontro em uma festa, restaurante ou igreja. Uma vez ocorrido o encontro, é vida real. Você se apaixona, ou não. Acontece uma forte conexão, ou não". Carl continua dizendo: "Não é que usar o seu computador para encontrar a pessoa dos seus sonhos seja um sinal de desespero. É apenas outra forma de se colocar em uma posição para encontrar alguém que pode vir a ser um grande par.

LEMBRE-SE

Vamos encarar os fatos. Se você é meio ansioso por encontrar a pessoa certa, se está se sentindo um pouco desesperado em sua vida sentimental, com certeza ficará desesperado quando estiver se relacionando online também. Nós entendemos. Você realmente quer amor, mesmo. Desesperadamente. Você não está sozinho. Quase todo o mundo que fica solteiro por um período extenso conhece a dor provocada por querer estar em um relacionamento e não ser capaz de fazê-lo acontecer. Mas o desespero nunca é atraente.

E aqui está o que talvez você não tenha percebido: quanto mais quer amor, mais desesperado se sente; quanto mais desesperado se sente, mais carente parece; quanto mais carente parece, menos atraente se torna para um parceiro potencial. Então considere as dicas abaixo para controlar seu desespero:

> **Reconheça de onde vem a carência:** Sua carência tem origem na sensação de estar em desvantagem ou privado de algo. Você se sente carente porque está preso a um pensamento irracional que diz que todos os bons partidos foram escolhidos ou que você está perdendo a oportunidade de amar. Mas isso não é verdade. As pessoas encontram o amor em todas as idades e momentos. E o namoro online aumenta a probabilidade de você encontrar o que está procurando. Então pare de se considerar alguém privado de amor e, em vez disso, veja como você agora tem uma abundância de oportunidades para encontrá-lo. Pode parecer simples,

mas essa mudança de atitude transformará o seu semblante — e manterá a carência sob controle.

Aja lentamente: Quando conhecer alguém que desperte o seu interesse, deixe as coisas acontecerem devagar. Não seja apressado para acelerar o relacionamento. Deixe que tudo se desenrole e siga um curso natural. Relacionamentos têm vários níveis de conexão, e se você tentar pular um deles prematuramente, perderá a doçura da jornada, além de assustar a pessoa que achou que concretizaria a promessa.

Confie no amor de Deus: Nós sabemos. Você já ouviu esse sermão antes. Mas vale a pena repetir. As pessoas mais saudáveis neste planeta são aquelas cuja identidade está firmada na graça de Deus. Elas não estão trabalhando para conquistar isso. Conhecem e sentem o amor de Deus, e, como resultado, o amor irradia de suas vidas. Parafraseando Agostinho, Deus o ama como se você fosse a única pessoa no planeta. Lembre-se disso. Medite no amor de Deus por você até experimentá-lo profundamente em sua alma. Quando isso acontecer, seu desespero será dissipado.

3

Mito: Sites de Relacionamentos Gratuitos São as Melhores Pechinchas

Se você paga amendoins, consegue macacos.
– James Goldsmith

Vamos encarar os fatos. Nossa cultura tem uma fascinação por pechinchas. O desejo de conseguir "mais por menos" permeia nossa economia. E isso significa sucesso para alguns. Pergunte ao Walmart. E somos ainda mais atraídos pelo "grátis". Nem celebridades ricas conseguem resistir à ideia de ganhar alguma coisa por nada. Entre o tapete vermelho e o palco do Grammy ou do Globo de Ouro, por exemplo, elas encontram seus mimos em um *lounge* onde recebem vários tipos de brindes. Todos, até as pessoas ricas, gostam de coisas "grátis".

Então por que não seguir a rota livre quando se trata do namoro online? Como Christine, de 37 anos, nos perguntou, "Por que alguém em sã consciência pagaria por um serviço de namoro online quando se pode ter o mesmo serviço gratuito?" É uma pergunta válida. E em resposta a Christine poderíamos simplesmente dizer: "Você não pode". Mas deixe-nos elaborar uma resposta com quatro razões que explicarão por que não se consegue a mesma coisa de graça.

Você está falando sério?

Antes de tudo, sites gratuitos não costumam ter um sistema de verificação de identidade adequado. Isso significa que se e quando você fizer contato com alguém, não terá garantias reais de que está conversando com quem pensa que está. Em sites gratuitos é fácil ser um impostor — não só fornecendo informações enganosas sobre si mesmo, mas também construindo por completo quem são.

Por que as pessoas fariam isso? Perfis adulterados e identidades falsas são usados em todo tipo de golpe para conquistar pretendentes online em potencial. Por exemplo, um usuário pode infestar um site gratuito com perfis falsos que na verdade são propagandas de outros serviços, como prostituição, marketing multinível ou sites pessoais.

Além disso, sites gratuitos com frequência atraem pessoas casadas que gostam da ideia de flertar, se divertir ou ter casos com pessoas solteiras. Seja qual for o motivo, é óbvio que isso pode ser um aspecto desanimador de procurar um par em um site gratuito, porque mesmo quando o perfil dos membros é "verdadeiro", ainda há uma inerente falta de confiança entre outros membros.

Os Seis Grandes Mitos do Namoro Online

Há alguém em casa?

Em segundo lugar, visto que os usuários de sites gratuitos costumam se cadastrar por impulso e investem pouco ou nada em suas experiências de namoro online, com frequência eles nunca voltam ao site para manter contato. Diferente de um site mais conceituado em que os usuários pagam pelo serviço, quem usa de graça simplesmente não tem um compromisso com a experiência online. É muito mais provável que pessoas em sites pagos sejam sérias quanto a querer mesmo encontrar alguém; portanto, usam o site ativamente.

Por não terem se cadastrado por capricho (como alguns usuários de sites gratuitos), os que contratam investem de fato no uso do serviço pelo qual pagaram. Mas a maioria dos sites de namoro gratuitos mantém os perfis ativos durante meses ou até anos depois da última vez que a pessoa se conectou, fazendo parecer que há mais membros disponíveis do que realmente há. Se um site pago tentar fazer isso, o fato virá à tona e manchará sua reputação.

Tempo é dinheiro, certo?

Em terceiro lugar, sites pagos são muito mais eficientes em relação ao tempo. Pelo fato de obterem seus recursos financeiros com divulgação de anúncios, a experiência do usuário não é tão regular e fácil. Como um usuário que conhecemos diz: "Um site gratuito é como ir a um cinema de graça, mas ser interrompido a cada cinco minutos durante o filme".

Quantidade ou qualidade?

Em quarto lugar, a qualidade dos membros costuma ser melhor em sites pagos. Por quê? Porque uma vez que é necessário usar o cartão de crédito para pagar o serviço, você elimina de imediato uma porção de "pessoas indesejáveis" e vigaristas que circulam por sites gratuitos com uma apresentação adulterada de si mesmos ou apenas se cadastram sem compromisso. Você também elimina a probabilidade de "namoradores" que não estão à procura de um relacionamento sério. Sites gratuitos geralmente têm a ver com o famoso "ficar". Então, se você está procurando amor em vez de um simples caso, suas chances de encontrá-lo em um site gratuito são muito menores.

Os sites pagos conceituados estão envolvidos em ajudá-lo a encontrar um relacionamento sério tanto quanto você está interessado. Eles gastam uma grande parcela de tempo e dinheiro para evitar que vigaristas e pessoas que não são sérias permaneçam em seus sites. Têm grande motivação de manter a credibilidade e a reputação entre os seus usuários. Se falharem nisso, saem do negócio. Contudo, nos sites gratuitos, quanto mais usuários melhor — independentemente das qualidades de seu caráter. É por isso que sites pagos também investem mais em atendimento ao cliente do que sites gratuitos. E mais uma coisa: sites pagos nunca vendem seus dados para terceiros como fazem alguns sites gratuitos. É de conhecimento de todos nessa área que sites gratuitos às vezes armazenam informações pessoais e contatos de usuários para usar enviando e-mails de *spam*.[1]

O custo de um site gratuito

O ponto principal é que quando se trata de serviços e dos resultados do namoro online, o barato sai caro. Se estiver interessado em encontrar um relacionamento sério e de confiança (o oposto dos "casos" ou oportunidade de ficar), suas chances de encontrá-lo em um site gratuito diminuem consideravelmente quando comparado a um site conceituado que cobra uma taxa. E quando você acrescenta a ideia de encontrar não só um relacionamento sério, mas também um relacionamento com alguém que partilha de seus valores cristãos sinceros e estilo de vida, suas chances diminuem ainda mais.

O atrativo de um serviço de namoro online "grátis" é óbvio — é de graça. Mas é exatamente aí que termina o atrativo.

LEMBRE-SE

O mais popular nem sempre é o melhor: O fato de muitas pessoas usarem um site gratuito não significa que seja uma boa barganha. Você realmente quer encontrar online os mesmos tipos de pessoas que encontra casualmente toda semana. "Grátis" com frequência sugere um baixo nível de investimento, tanto emocional quanto financeiro, das pessoas que está encontrando naquele site. É por isso que vale a pena o esforço e o investimento de pesquisar o tipo adequado de experiências de encontros online para você, a fim de conhecer quem de fato combina com sua personalidade, interesses e valores. Além disso, as respostas às duas perguntas a seguir podem ajudá-lo a tomar uma decisão sensata quando estiver escolhendo um site de relacionamento.

Quanto você gastaria com os encontros online? Cada usuário gasta anualmente cerca de 280 dólares em site de relacionamento, custo médio de 30 dólares por mês. A diferença nos cálculos é que os usuários podem contratar o serviço por mês (a opção mais cara, que pode custar até 60 dólares) ou por ano (a melhor opção). É claro, há uma ampla faixa de preços, e os sites também fazem ofertas especiais de vez em quando.[2]

Há um prazo que você precise para reavaliar seu investimento? Às vezes as pessoas desistem muito cedo do site de namoro por não acharem que está acontecendo o suficiente. Nosso conselho para essas pessoas é "explorar" o site. Você não pode esperar que o site entregue o namorado dos seus sonhos em sua porta só porque se cadastrou. Você precisa investir tempo usando as ferramentas que o site fornece para fazer os melhores contatos possíveis. O momento de reavaliar é quando, depois de dar uma chance ao site, você perceber que os outros membros não são compatíveis com o que está procurando. Em outras palavras, se o site está cheio de tipos de pessoas com quem você não quer namorar, é hora de sair. Mas, de modo geral, se o site tem um bom grupo de opções e você apenas não está encontrando a pessoa certa, aguente aí. Algumas pessoas encontram seu par rapidamente, e outras parecem levar mais tempo — assim como acontece no mundo real do namoro.

4

Mito: Apenas Mentirosos, Fracassados e Esquisitos Estão em Sites de Namoro

*O maior tombo que um homem pode levar
é cair em seu próprio engano.*
– Ambrose Bierce

Sandra conheceu um homem por meio de um site de namoro no verão antes de começar a pós-graduação. "Mike parecia ser um simpático rapaz cristão. Conversávamos muito online, e trocamos telefones", ela diz. "Então o encontrei em um restaurante italiano. Ele era parecido com a imagem das fotos, mas seu comportamento e estilo social eram diferentes. Tudo que ele queria era conversar sobre teologia." Sandra explicou que nunca tinha ouvido algumas palavras que ele estava usando. "Ele não era assim online, então achei tudo muito estranho. E ele queria mostrar o quanto era superior a mim. Quando falou sobre me levar para ver sua coleção de livros de teologia em seu apartamento, encerrei o assunto e fui para casa."

James, um rapaz atlético em torno dos quarenta anos, encontrou Tiffany pessoalmente depois de mais de três meses de contato em um site de namoro gratuito. Ele achava que tinham muito em comum, e gostava do jeito dela nas fotos, principalmente uma em que ela estava jogando tênis. Eles se corresponderam por e-mail e conversaram por telefone várias vezes. Quando marcaram seu primeiro encontro, James não poderia estar mais empolgado. Eles se encontraram em uma quadra de tênis pública para uma partida amistosa. Mas quando Tiffany apareceu, James percebeu que havia algo errado. Além de não estar com uma raquete, ela não estava com sua verdadeira identidade. "Você parece bem diferente das fotos", disse James surpreso. Tiffany falou alguma coisa sobre estar fora de forma depois de um acidente de carro que havia acontecido quatro anos atrás. No entanto, não era só o fato de ela pesar mais do que aparentava nas fotos; o rosto dela não lembrava o rosto nas fotos. James encerrou a partida antes de entrarem na quadra.

Infelizmente, esse tipo de encontro acontece — tanto no mundo real no namoro quanto online. Mas eles não são típicos; são o resultado de uma minoria de pretendentes online que criam perfis enganosos ou que apenas são socialmente desajeitados.

Namoro online é igual ao namoro no mundo real

Quando você procura o namoro online, aprende muito mais sobre namorados em potencial do que aprenderia se eles fossem apenas pessoas que sua tia-avó insistisse em apresentar a você. Por outro lado, você não tem a vantagem de conhecer a história da pessoa. Anos atrás, você poderia ter namorado uma menina que conheceu na faculdade ou um rapaz da outra rua. Vocês fariam parte de algum momento na história um do outro. Mas os namoros de internet não têm esse tipo de história social, e é por isso que algumas pessoas às vezes se deparam com doidos que fingem ser quem não são ou que simplesmente são esquisitos.

Em geral, pessoas que mentem nos sites de namoro "são aquelas que fazem de tudo para ser aceitas pelos outros, e por isso se apresentam da maneira mais favorável para que alguém goste delas — assim como fariam em um namoro face a face".[1] Na verdade, estudos descobriram que embora pretendentes online tentem "amenizar" informações acerca da altura, do peso e da idade, as decepções costumam ser pequenas.[2]

Jeffrey Hall, da Universidade de Kansas, pesquisou mais de cinco mil participantes de serviços de encontro pela internet em uma tentativa de descobrir que tipo de pessoas são mais propensas a mentir quando estão namorando online. Ele lhes perguntava a probabilidade que tinham de mentir acerca de vários assuntos, incluindo objetivos no relacionamento, atributos pessoais, idade, peso, etc.

Ele descobriu que quando se trata de diferenças de gênero, as mulheres tendem a dizer "mentirinhas" sobre o peso. Os homens tendem a inventar histórias sobre relacionamentos anteriores. No entanto, Hall e sua equipe concluíram que homens e mulheres se comportam online do mesmo jeito que se fossem apresentados pessoalmente, dissipando o mito de que as pessoas são mais desonestas quando usam a internet para conhecer outras pessoas. Na verdade, se as pessoas (independentemente do gênero) vão mentir, não importa se estão online ou não.[3]

Procurando baixinhos, gordinhos, carecas e desempregados?

"As mentiras que as pessoas contam sobre si mesmas dependem muito do tipo de pessoas que elas são", afirma Hall. "Alguém que é aberto a novas experiências, gosta de caminhar nas montanhas e de viajar para outros países — é pouco provável que mintam sobre si mesmas com base em seus interesses porque são pessoas interessantes. Uma pessoa mais aberta dificilmente mentiria para demonstrar interesse em algo porque são interessadas em muitas coisas."[4] Por outro lado, uma pessoa introvertida pode "inventar" alguns interesses simplesmente para dar a impressão de que são um pouco mais interessantes. Em outras palavras, quando as pessoas se apresentam de forma enganosa nesses sites, fazem isso porque querem que gostem delas. Nenhuma surpresa, certo? Se você quer ser atraente para os outros, provavelmente não inicia seu perfil com "Sou baixinho, gordinho e careca".

Mas a conclusão de Hall pode ser surpreendente se você acha que sites de relacionamentos são só para esquisitos ou fracassados: "Pretendentes online não deveriam se preocupar com o fato de a maioria das pessoas estar ou não apresentando uma falsa impressão de si mesmas. O que influencia o namoro face a face também influencia o mundo virtual". Em outras palavras, quando se trata de iludir um namorado em potencial e interações incomuns, o namoro online não é diferente do namoro tradicional.⁵

LEMBRE-SE

Com todo o mundo que conhece online, você precisa se perguntar se há alguma razão para ser especialmente cuidadoso ou para se preocupar. Se por alguma razão não se sentir bem se conectando com a outra pessoa, confie nesse instinto. Não considere insignificante. Isso quer lhe dizer alguma coisa, então preste atenção. Aqui estão alguns sinais que sempre devem levantar bandeira vermelha:

> **Comentários negativos:** Qualquer palavra ofensiva ou acusação é motivo de preocupação, tal como se referir a alguém como um "fracassado". Por quê? Porque é bom indicador confiável de falta de responsabilidade. Em outras palavras, quando pessoas postam comentários negativos em seus perfis, é provável que estejam se esquivando da responsabilidade ou, pelo menos, precisando de um padrão de escrúpulos. Então, se afaste.

> **Arrogância:** Todo o mundo tem um radar interno relacionado à presunção. Se o indicador do seu radar disparar depois de ler um perfil ou se comunicar com um namorado online, passe adiante. Quem quer estar com pessoas que são cheias de si mesmas, sempre querendo impressionar os outros com o modelo do carro que dirigem ou com os prêmios que ganharam?

Essa conversa de mão única fica velha rápido. E é provável que seja a ponta de um iceberg nocivo. Ser egocêntrico é um sinal claro de falta de empatia. E a empatia — a capacidade de se colocar no lugar do outro — é fundamental para qualquer relacionamento significativo.

Incoerência: Se você percebe que trechos do perfil da pessoa parecem em desacordo com o restante das informações, ou se o jeito de se comunicar não combina com o que está no perfil, é um bom sinal de que podem surgir problemas adiante. Isso pode significar que aquela pessoa está lutando com problemas emocionais ou com drogas e álcool. Ou pode significar que outras pessoas estão se comunicando por ela. E que deseja isso?

Atração instantânea: Apegar-se muito rápido é outro motivo de preocupação. Se as pessoas com quem está se comunicando ficam extremamente ansiosas para se encontrar ou se expressam, cedo demais, um sentimento de que já o conhecem, tome cuidado. São sinais de que essas pessoas são controladoras ou se sentem muito vazias e inseguras. Elas também podem cortejá-lo com mensagens cheias de elogios, mas não se engane com a carência delas. Não é saudável. Então, mais uma vez, fuja!

5

Mito: O Namoro Online Tira o Romantismo da Experiência

*Por alguma razão, os cristãos aprendem a ser zelosos
e responsáveis em todas as áreas da vida, exceto no namoro.*
– Henry Cloud

Deixe-nos propor-lhe um rápido *quiz*. Responda às perguntas abaixo sem pensar. Não é preciso analisá-las a fundo.

- Verdadeiro ou Falso: O amor é um sentimento indescritível que nos domina.
- Verdadeiro ou Falso: O verdadeiro amor é cego.
- Verdadeiro ou Falso: Apaixonar-se apenas acontece — você não pode planejar.
- Verdadeiro ou Falso: Acredito em amor à primeira vista.
- Verdadeiro ou Falso: Se confiar em seu coração, você encontrará o amor quando menos esperar.
- Verdadeiro ou Falso: O amor tem suas próprias razões que nem sempre você pode explicar.

Se você respondeu "verdadeiro" para a maioria das perguntas, é provável que muitas pessoas o considerassem romântico. Ou seja, você é guiado pelos sentimentos com mais frequência do que pelos fatos. Você é mais sentimental do que prático. Mais dramático do que reservado. E há chances de você ter a tendência de aceitar o mito de dizer que o namoro online rouba o romantismo do relacionamento.

Você pode ser como Randy, de 34 anos, que é editor de uma revista regional. "Podem me chamar de antiquado", ele diz, "mas quando se trata de encontrar o amor de sua vida, gostaria de estar em qualquer outro lugar exceto diante do meu computador. Parece tão frio e indiferente". Ele prossegue: "Ainda tenho esse ideal de que dois estranhos podem trocar um olhar em uma sala lotada enquanto o mundo desaparece".

Você se identifica com Randy? Caso sua resposta seja sim, não queremos discutir com você, mas deixe-nos mostrar um exemplo a favor de por que o namoro online *não* tira o romantismo da experiência.

O romantismo tem a ver com sentimentos

Titanic. Casablanca. Feitos um para o outro. Amor, Sublime Amor. A Bela e a Fera. Sintonia de Amor. Jerry Maguire. A lista de filmes românticos populares preencheria várias páginas facilmente. E o que todas essas histórias românticas têm em comum? Todas são histórias de amor que evocam algumas das emoções mais profundas do coração humano.

Alguma coisa errada? Claro que não. O problema surge quando começamos a basear nossa busca pelo amor reproduzindo essas emoções — seja usando a internet, seja usando os meios mais tradicionais. E outras palavras, quando aceitamos a ideia de que o mais importante é o que *sentimos* em nosso coração, perdemos o rumo em nossa busca pela pessoa certa. Na verdade, quando esse tipo de emoção se torna a nossa diretriz principal para identificar parceiros em potencial, desconsideramos as bases objetivas para encontrar parceiros.

Com frequência, as emoções não são confiáveis. Embora tenham uma função importante no processo, são tendenciosas, extravagantes e, às vezes, cruéis. Elas podem ser manipuladas por hormônios. Podem ser distorcidas por desejos inconscientes que remontam até a carências não satisfeitas na infância (chamando Dr. Freud?). As emoções mentem para nós com a mesma frequência com que nos dizem a verdade. Quando as pessoas "seguem o coração" sem usar a cabeça para encontrar o verdadeiro amor, é provável que acabem com o coração partido.

O amor verdadeiro, o tipo que segue em frente e amadurece com o tempo — o tipo que ajuda duas pessoas a se tornarem melhores juntas do que quando estão separadas — resulta de uma ação equilibrada entre a mente e o coração. O verdadeiro amor resulta do equilíbrio entre uma abordagem objetiva e anseio emocional ou, em outras palavras, do equilíbrio entre razão e emoção.

Namorar online pode ser o seu ponto de equilíbrio

Uma das grandes vantagens de aderir ao namoro online é que se você estiver usando o site correto, terá um recurso automático para equilibrar sua mente e o seu coração. Por quê? Porque um bom site o ajuda a afiar o seu pensamento desde o início — antes que seu coração seja levado por um mar de emoções em turbilhão.

Você começa racionalmente, considerando com cuidado o que sabe que precisa para estabelecer um relacionamento que dure a vida toda. Anota suas preferências e até seus padrões. Por exemplo, se você sabe que para o seu relacionamento ter uma chance é necessário que seu par compartilhe de seus valores cristãos e das escolhas do seu estilo de vida, o site que escolher pode garantir que você não será *tentado* a ajustar esses padrões importantes porque não irá seduzi-lo com opções que não atendam aos requisitos. E isso dá ao seu coração mais liberdade no processo.

Você pode dizer que o namoro online permite que seu lado romântico aflore. Pelo fato de o site poder servir de proteção contra compromissos nocivos, seu coração pode ficar mais livre do que nunca. O site de namoro correto automaticamente mantém sua mente e seu coração trabalhando juntos — mesmo que você não esteja ciente disso.

O namoro online é um meio mais rápido para o romantismo

Você ainda acha que o namoro online tira o romantismo do processo? Se acha, queremos apresentar um ponto mais simples que você pode não ter entendido. Depois de analisar todos os seus pares em potencial, depois de um período de conversa online, talvez alguma paquera e algumas ligações telefônicas, você por fim marca um encontro. Agora, se não teve a tradicional sensação de borboletas na barriga que teria ao sair para qualquer primeiro encontro, você não é um romântico, para começar. A questão é que o namoro online é apenas um prelúdio para conectá-lo na vida real com a pessoa que poderia arrebatar seu coração.

LEMBRE-SE

O namoro online não é menos romântico do que qualquer outro encontro arranjado por sua tia ou colega de trabalho ou qualquer outra pessoa. O verdadeiro romance acontece quando ocorre uma química entre duas pessoas — não importa como se conheçam.

Se você está com dificuldade de imaginar o romance online, pense em assistir ao filme *Mensagem para Você* de novo. Ele foi produzido em 1998, quando a AOL ainda estava no auge. Ainda assim, Tom Hanks e Meg Ryan lhe darão uma boa noção de como é o romance online. Com isso em mente, aqui estão algumas dicas para encontrar essa química especial online:

> **Mensagens curtas:** A melhor maneira de observar se há uma química é manter suas mensagens online curtas (e gentis). O que se pretende é estabelecer um padrão de vai e volta para perceber se você combina com alguém. Vocês se entendem? Descobriram que acham as mesmas coisas engraçadas?
>
> **Mistério:** Um dos elementos do romance é o mistério — nesse caso, o que deixa de ser dito e o que pode ser lido nas entrelinhas. Escrever uma apresentação de dez páginas sobre si mesmo é uma das maneiras mais

rápidas de acabar com qualquer sentimento romântico por parte de quem recebe (além de ser uma grande gafe online).

Os extras: O momento em que você está tentando encontrar a pessoa certa online é a hora errada de ser eficiente. Gastar algum tempo com os extras da vida — cheirando flores, admirando a vista, saboreando o café. Qual é o "extra" da vida que você anseia desfrutar mais plenamente? Converse sobre isso online, e convide seu pretendente para experimentar com você. Partilhar uma experiência revigorante e cheia de vida com alguém especial é uma das melhores maneiras de descobrir a química.

Ambiente: O cenário contribui para um clima romântico. Pense nisso. Cenas de filmes tendem a se estender no primeiro encontro do casal para captar o momento "amor à primeira vista" geralmente em uma locação romântica — um parque, um movimentado centro comercial na cidade, um restaurante à meia luz, uma livraria. Mesmo que uma lanchonete *fast-food* seja conveniente para vocês dois pela localização, não concorde que o primeiro encontro seja lá. Em vez disso, se encontrem em um parque, na praia, em um museu, um restaurante ou lanchonete com área externa ou em uma livraria — qualquer lugar que tenha mais espaço, principalmente ao ar livre, e menos luzes fluorescentes.

6

Mito: O Namoro Online se Opõe à Orientação de Deus

Muitos cristãos adotam a abordagem superespiritual em sua busca pela pessoa ideal esperando que Deus atue como o casamenteiro cósmico.
– *Pastor Bem Young*

Bryce, um corretor solteiro de 39 anos de idade, é um dos cristãos mais sinceros que conhecemos. Ele é dedicado em sua fé e anseia encontrar uma mulher que compartilhe dos mesmos valores. "Nunca pensei que ainda estaria solteiro nessa etapa de minha vida", declara Bryce, "mas sei que Deus tem um plano, e só estou tentando viver o tempo dEle".

Alguns amigos encorajam Bryce a tentar um site de namoro cristão, mas ele tem suas dúvidas. "Não tenho certeza de que deveria fazer isso", confidenciou ao seu pastor. "Sabe, se eu me cadastrar em um site de namoro e pagar uma empresa para me ajudar a encontrar minha futura esposa, não estaria deixando de confiar que Deus fará isso por mim?"

"É uma boa pergunta, Bryce", respondeu o pastor. "Mas em lugar nenhum na Bíblia está escrito: 'Não usarás a internet para encontrar seu cônjuge'."

"Eu sei", respondeu Bryce com um sorriso, "mas essa é uma área tão importante de minha vida, e parece que Deus gostaria que eu confiasse n*Ele*, não em meu computador, para encontrar a mulher com quem deseja que eu me case."

"Pode ser", continuou o pastor, "mas talvez Deus também queira que você use essa ferramenta para ajudá-lo nessa questão. Talvez a mulher que Ele preparou para você já esteja online à sua procura".

"Você acha?"

"Não sei, mas passei um período difícil acreditando que não é cristão usar a internet para encontrar um cônjuge. Se você está à procura de emprego, Bryce, deseja confiar em Deus durante o processo, mas ainda faz tudo que pode ajudá-lo, incluindo usar a internet."

E você? Nós supomos que seja um cristão comprometido (ou provavelmente não estaria lendo este livro). Você tem a mesma opinião de Bryce? Deseja saber se Deus gostaria que você recorresse ou não ao namoro online? Tem medo de que usar a internet para encontrar a pessoa certa para você significasse que não confia em Deus?

Buscando a vontade de Deus para sua vida sentimental

Vamos começar pelo básico. Como cristão, você quer que Deus conduza sua vida — quer evitar tomar decisões que o afastem da vontade dEle. O teólogo Garry Friesen aponta quatro armadilhas que enganam até cristãos sinceros que são um pouco ingênuos sobre descobrir a vontade de Deus em decisões importantes, tal como encontrar seu futuro cônjuge. Reflita sobre cada uma delas:

> 1. Justificar uma decisão imprudente alegando que "Deus me disse para fazer isso".
>
> 2. Estimular atrasos que custam caro no processo por causa da incerteza em relação à vontade de Deus.
>
> 3. A prática de "fazer o teste com a lã" — permitindo que as circunstâncias ditem a decisão.
>
> 4. Rejeitar preferências pessoais quando se depara com opções que parecem ser equivalentes.[1]

Se tivesse que selecionar um item dessa lista indicando o que está propenso a fazer em busca da vontade de Deus para sua vida, qual deles escolheria? Agora examine como isso pode obstruir seu pensamento sobre o namoro online. Você se sente tentado a "fazer o teste da lã"? Por exemplo, Deus precisa trazer "a pessoa" até você em um mês de namoro online? Ou você acha que o namoro online se opõe à vontade de Deus para sua vida porque é algo que prefere fazer? À medida que aplica essas armadilhas ao seu pensamento acerca do namoro online, você pode ver o quanto são ingênuas.

O ponto principal é que em lugar nenhum a Bíblia proíbe o namoro online, e, portanto, também não devemos proibir.

Não há motivo para se sentir culpado. Não queremos cometer o erro dos fariseus e inventar "pecados" que não foram mencionados na Bíblia.

O que mais importa é sua motivação

Se você está usando o namoro online para encontrar uma pessoa que honra a Deus com a qual pode vir a se casar, suas motivações estão de acordo com os padrões cristãos. Isso está bem claro, e com certeza agrada a Deus. Mas as Escrituras com frequência nos encorajam a *examinar* cuidadosamente nossas motivações (veja Jr 17.9; Lc 6.43-45; Tg 1.14), então vamos avançar um pouco mais.

Quando se trata do namoro online, há um motivador sutil que pode entrar furtivamente no processo quase sem ser notado. É uma motivação de tirar o controle de sua vida das mãos de Deus. Isso acontece quando você se sente desesperançado acerca da provisão e do tempo de Deus para lhe dar um cônjuge. Em outras palavras, você pode ter uma motivação secreta que lhe diz: *Não confio mais em Deus nessa área, e vou resolver tudo do meu jeito*. Se for o caso, é evidente que você precisa rever sua motivação com cuidado. É claro que não estamos dizendo que você não possa ser proativo na busca pelo casamento. Longe de nós! Mas estamos sugerindo que você leve em conta qualquer motivação nociva que afasta Deus do processo. A propósito, isso é tão verdadeiro no namoro tradicional quanto na abordagem online.

Visto que está motivado a deixar Deus guiar seus passos, mesmo no processo de namoro online, e a seguir o que Ele revela a você, suas decisões irão honrá-lo. É claro que isso significa reservar tempo para a oração diária e para meditar na Palavra de Deus. Significa avaliar regularmente seus motivos em momentos tranquilos, sem pressão. Significa reconhecer a direção do Espírito Santo em sua vida. Também significa buscar o aconselhamento de cristãos sábios a quem você respeita e que podem falar a verdade sobre sua vida e lhe dar opinião acerca de qualquer decisão que você esteja analisando.

A melhor maneira de manter a pureza no namoro online

Talvez o maior perigo do namoro online para os cristãos seja a possibilidade de se tornar uma prática solitária. Ou seja, pode ocorrer de modo isolado. Como cristãos, somos chamados a viver em comunidade (veja Pv 15.22; 24.6; Hb 3.12,13; 10.24,25). E por um bom motivo. Precisamos do companheirismo e da orientação de outros crentes que podem oferecer sabedoria a respeito de nossa situação — e isso inclui algo tão importante quanto procurar o amor online. Você precisa de pessoas que o conheçam e se preocupem com você para caminhar ao seu lado no processo.

Essa é uma das melhores formas de assegurar que seus padrões de tomada de decisão permaneçam elevados e que suas motivações honrem a Deus. Por isso, acreditamos que seja uma boa ideia convidar familiares ou amigos de confiança para entrarem nessa experiência com você, a fim de ter pessoas com quem conversar sobre suas decisões. É claro, isso é algo pessoal; não estamos sugerindo que você anuncie na TV ou que descreva cada detalhe. Simplesmente estamos dizendo que ter uma pequena comunidade de apoio enquanto busca o namoro online é uma ótima forma de garantir que você permanecerá na vontade de Deus. Isso é particularmente importante quando suas interações online passam para os encontros pessoais. Apresentar as pessoas com quem está saindo à sua comunidade cristã é essencial para nutrir um relacionamento que honre a Deus.

LEMBRE-SE

Se você está se sentindo desconfortável quanto a usar um site de relacionamentos para encontrar o amor de sua vida porque acha que isso pode estar em desacordo com sua fé cristã, considere as seguintes sugestões:

> **Ore pedindo orientação:** À medida que analisa a ideia do namoro online — e mesmo se já estiver usando —, peça a Deus para orientá-lo no processo. Peça discernimento e ajuda para um namoro prudente; peça ouvidos para ouvir o coração de uma pessoa em vez de ficar distraído com qualidades superficiais. Envolva a experiência em oração por sabedoria ao longo do caminho.

> **Converse com amigos cristãos:** Se você faz parte de um grupo em sua igreja, por exemplo, levante a questão do namoro online e pergunte a opinião das outras pessoas. Se estiver se sentindo emocionalmente seguro, peça-lhes para comentar sobre sua própria vida à medida que analisa a ideia de encontrar o amor online. Essas pessoas conhecem sua personalidade e

podem ser coisas das quais você não está ciente e que podem ser úteis no processo.

Leia livros sobre relacionamentos escritos por autores cristãos: Quanto mais você se instruir acerca do que os outros estão dizendo não só sobre o namoro online como cristão, mas também sobre namoro e relacionamentos em geral na fé cristã, mais sábia se tornará. Como deve saber, há dezenas de excelentes livros sobre relacionamento escritos por autores cristãos respeitados que pode escolher.

Consulte seu pastor: Se você não tem certeza quanto a existir um espaço em sua caminhada de fé para usar um site de namoro, pode querer conversar com seu pastor ou com algum membro do ministério de sua igreja. Deixe que a pessoa tome conhecimento do que está em sua mente, e peça-lhe que ore por você e para oferecer orientação.

Parte 2
Seis Maneiras de Saber se o Namoro Online É para Você

> Saber como usar
> o conhecimento
> é ter sabedoria.
> – Charles Spurgeon

7

O Namoro Online É para Você... Se Está Cansado de Esperar que o Amor o Encontre

Muitas pessoas passam a vida esperando que as coisas aconteçam em vez de fazê-las acontecer.
– Sasha Azevedo

No outono de 1992, fizemos algo incomum. Oferecemos um curso na Seattle Pacific University que prometia respostas claras e francas sobre relacionamentos. Demos o nome de Relacionamentos 101, e como seria uma disciplina eletiva geral, não obrigatória para ninguém, ficamos preocupados que os alunos nessa universidade cristã não se inscrevessem.

Não poderíamos estar mais enganados. Desde o primeiro semestre, tivemos uma lista de espera anual de alunos que estavam ansiosos para entrar no auditório superlotado e aprender sobre tudo de amizade a família, de sexualidade a gênero. E, é claro, namoro, em especial uma aula que intitulamos "Como se Apaixonar sem Perder a Razão".

Desde o início do curso temos a tradição de começar cada aula com uma canção, escolhida por um dos alunos, que tenha a ver com o tema do dia. Nunca sabemos o que vamos ouvir, mas uma canção popular sempre é uma forma rápida e fácil de atrair o interesse dos alunos no assunto do dia.

Certa ocasião, quando o tópico era namoro, entramos na sala de conferências com mais de duzentos estudantes e logo ouvimos uma batida pesada crescente vindo dos alto-falantes do grande auditório. O bate-papo dos alunos diminuiu à medida que a sala se enchia com o ritmo, seguido de uma voz conhecida:

> *Subi as montanhas mais altas*
> *Corri pelos campos*
> *Só para estar com você*
> *Só para estar com você*

A turma reconheceu imediatamente a canção e todos caíram na gargalhada enquanto associavam a letra da música com namoro. E quando chegou ao refrão, eles cantaram em uníssono:

> *Mas ainda não encontrei o que estou procurando.*

Foi então que os alunos começaram a aplaudir. Não conseguiam conter a emoção. Eles literalmente gritavam entusiasmados, balançando a cabeça e fazendo gestos de aprovação para o colega que havia escolhido a música.

Essa reação quer dizer alguma coisa, não acha? Até estudantes universitários, no auge do namoro em meio a um grupo de milhares de semelhantes e parceiros em potencial passeando pelo campus, são solidários uns com os outros por não terem conseguido encontrar a pessoa certa

Você está encontrando o que está procurando?

É claro, você não precisa estar na faculdade para conhecer esse sentimento. Na verdade, para muitos adultos solteiros, o anseio emocional só aumenta com o passar do tempo. Quando você não está nem perto de encontrar um namorado que valha a pena, cada ano que passa pode fazer seu coração doer ainda mais — independentemente de nunca ter se casado ou de ter vivido um relacionamento que deixou o seu coração fragilizado. Um indicador disso fica evidente em um recente estudo australiano que descobriu que o maior grupo de pretendentes online são aqueles que estão solteiros há cinco anos ou mais (38,4%), seguido por aqueles que estão solteiros por um ou dois anos (26,7%).[1] O ponto é que esperar pelo verdadeiro amor pode mesmo testar sua paciência — e é por isso que o namoro online se torna tão valioso. Independentemente de sua idade ou situação, ele põe um fim no processo passivo de esperar.

Para muitos solteiros, chega um ponto em que a cena tradicional de namoro simplesmente não aparece para interromper a espera. Eles se envolveram em vários grupos na igreja, apareceram em lugares estratégicos, participaram de atividades em grupo para solteiros da idade deles e provavelmente foram apresentados por amigos e parentes a pessoas com quem tiveram encontros decepcionantes. Essa descrição tem a ver com você? Está ficando cansado de esperar que o amor o encontre?

Se você está cada vez mais cansado de esperar para encontrar a pessoa certa, não precisa continuar esperando.

O namoro online não tem quase nada a ver com esperar. Ele o coloca no comando, ajudando-o a ser proativo acerca do futuro de sua vida sentimental. Você não precisa ficar sentado sozinho em casa nas sextas-feiras à noite. E não precisa namorar qualquer um só porque suas opções estão se esgotando. O namoro online pode expandir suas perspectivas e ajudá-lo a encontrar quem está procurando.

O namoro online acende uma luz no fim do túnel "solteiro"

Ben, 39 anos, está procurando o amor há mais tempo do que gostaria de admitir. Para falar a verdade, ele achava que estaria casado pouco depois de concluir a faculdade. Mas quando conseguiu o emprego dos seus sonhos, como representante de uma importante empresa de equipamentos esportivos, foi consumido pelo trabalho. De fato, Ben subiu rapidamente os degraus corporativos. Ele viajava sem parar e adorava isso. Mas não estava gostando do fato de não ter encontrado seu par. Ele saía com algumas jovens, às vezes, participando até de eventos para solteiros em igrejas diferentes para conhecer moças com quem poderia namorar, mas não estava sendo bem-sucedido.

Por capricho, Ben experimentou o namoro online. E foi aí que encontrou Jennifer. Ela não foi a primeira opção que apareceu, é claro. Ele analisou vários contatos antes de descobrir que combinava com Jennifer. Mas foi o suficiente. Ela morava a cerca de duas horas de distância, mas como ele costuma dizer, passaram a ser as duas horas mais curtas da vida dele. "Não consigo imaginar minha vida sem ela",

Seis Maneiras de Saber se o Namoro Online É para Você

declarou quando estavam recém-casados. "E pensar que poderia ter perdido a chance de pelo menos conhecer Jen se não tivesse me cansado da espera e, por fim, partisse para a internet."

Cindi é outro exemplo. "Não posso acreditar que cheguei aos quarenta anos e nessa situação", disse sem pensar. "Se quiser ter filhos, preciso encontrar alguém logo." Quando estava na faixa dos vinte anos, Cindi se casou com um rapaz que conheceu na faculdade. Três anos depois, quando ele revelou que estava apaixonado por outra mulher, o casamento chegou ao fim. Alguns anos depois desse capítulo doloroso de sua vida (e após trabalhar duro para reconstruir algumas questões de confiança), Cindi decidiu namorar de novo. Ela até se relacionou com um rapaz por mais de um ano. Contudo, ele não era *a pessoa certa*. Cinco longos anos mais tarde, após ter rompido aquele relacionamento, Cindi decidiu tentar o namoro online — algo que ela nunca imaginou que faria. E depois de algum tempo, foi exatamente ali que encontrou o seu Sr. Certo.

A verdade é que as mudanças em nossa sociedade têm tornado mais difícil encontrar pessoas usando métodos tradicionais. As pessoas se casam mais tarde, trabalham por mais horas, têm menos tempo e vivem mais afastados de parentes que poderiam apresentá-los a um vizinho bonito, a um sobrinho "bom partido" ou a uma linda sobrinha solteira. É aí que um mouse e um modem podem entrar e fazer toda a diferença entre apenas esperar pelo amor e realmente encontrá-lo.

LEMBRE-SE

O namoro online permite que você se relacione com dignidade. Ele alivia bastante um processo que, por outro lado, está abastecido com algumas experiências não muito agradáveis. Aqui estão algumas trocas positivas que os adeptos do namoro online ganham:

Troca da ansiedade pelo conforto: Você namora online de acordo com a sua agenda, quando e onde quiser. Não há necessidade de se arrumar e planejar uma atividade interessante só para ver se vai ocorrer alguma química. Você pode entrar em ação sentado em sua própria casa, usando moletom e bebendo café.

Troca da rejeição pela seleção: O namoro online permite manter o foco em pessoas que estão interessadas em você. Não, ele não o protege completamente de sentimentos de rejeição, mas é totalmente diferente de ser rejeitado para um namoro na vida real.

Troca de ser escolhido por ser quem escolhe: O namoro online coloca você no comando. Isso é particularmente importante para as mulheres. Você não precisa mais se sentir como se estivesse sentada esperando pacientemente que o rapaz tomasse a iniciativa. Quando se trata de namoro online, qualquer um pode iniciar o contato.

Seis Maneiras de Saber se o Namoro Online É para Você

Troca do acaso pela receptividade: O namoro online tira a suposição acerca das intenções dos pretendentes em potencial. Afinal de contas, se eles estão em um site de namoro, sabe que estão procurando alguém para namorar. Você não precisa se insinuar para ver se estão "disponíveis".

8

O Namoro Online É para Você... Se Deseja Aumentar de Modo Instantâneo e Radical as suas Chances para o Amor

Você já ouviu isso antes: "Todos os bons partidos já foram conquistados!" Do jeito que as pessoas falam, você poderia pensar que futuros cônjuges são uma espécie em extinção.
– Edward A. Dreyfus

"Todos os bons partidos já foram conquistados", reclamava Jennifer. "Não há ninguém para namorar — mesmo que eu não seja tão exigente. Sabe, não é que esteja procurando um príncipe montado em um cavalo branco que arrebate meu coração. Apenas gostaria de encontrar um rapaz agradável com um emprego decente e senso de humor. Isso é pedir demais?"

"Eu a entendo", se compadece sua amiga Sarah. "É como se todos os rapazes onde trabalho já tivessem um par, ou não sejam bons candidatos para namorar. Ou seja, não vou sair com um rapaz cuja ideia de encontro agradável se resume em lanchonete e videogames."

"É sério", prosseguiu Jennifer. "Eu nem sei se alguns rapazes acham que se trata de um encontro. Três semanas atrás, fui a um passeio organizado por uma igreja, e havia alguns rapazes legais no grupo. Acabei conversando com um deles por um bom tempo no passeio e então ele me convidou para um café quando voltássemos à igreja. Ele é simpático, mas não sei se considerou a situação como um encontro. Trocamos algumas mensagens desde então, mas isso é apenas amizade ou o quê?"

Essa pequena troca entre amigos ecoa de um jeito ou de outro inúmeras vezes entre os solteiros. Na verdade, é uma das principais reclamações das pessoas solteiras: Não há ninguém para namorar.

A verdade sobre suas chances de namoro

Isso poderia ser verdade? Com milhões de solteiros em todo o país, todos os bons partidos perto de você poderiam mesmo ter sido conquistados? Pouco provável. De acordo com a Associação Americana para Solteiros, uma "maioria não casada" emerge em muitas cidades grandes, bem como em vários estados. Na verdade, praticamente a maioria das famílias nos Estados Unidos são lideradas por adultos não casados.[1] Então por que os solteiros americanos estão reclamando sobre não ter ninguém para namorar?

Vamos tornar isso mais pessoal. Considere a sua situação. Se fosse elaborar uma lista de todas as pessoas que poderia namorar em seus círculos sociais no momento, qual seria a extensão dessa lista? Você conseguiria relacionar uma dúzia de pessoas qualificadas que aceitaria namorar, ou apenas meia dúzia? Ou você, como a maioria dos adultos solteiros, passaria um momento difícil produzindo uma lista de pessoas com potencial para namorar?

O problema, é claro, não é a falta de outros solteiros compatíveis, atraentes, interessantes, divertidos e bem-sucedidos para namorar — eles são mais abundantes do que nunca. O problema é que a maioria dos solteiros — principalmente os cristãos — não sabe onde encontrá-los. Depois de ir a várias igrejas e frequentar eventos com outros cristãos, aonde você vai? É claro, alguns solteiros costumam frequentar bares para "ficar" com alguém. E alguns vão a esse tipo de local para encontrar outros solteiros. Mas não é disso que estamos falando — e nem você. O foco aqui é encontrar a "pessoa certa" para namorar, que partilhe dos mesmos valores cristãos que você e que possa vir a ser "o amor da sua vida".

É aí que entra o namoro.com. Nunca antes os membros de uma comunidade de solteiros tiveram uma ferramenta tão eficaz e poderosa para aumentar suas chances de encontrar um par romântico sério — pessoas que são compatíveis e com quem podem estabelecer um relacionamento duradouro.

Uma dúzia de namorados em potencial na mesma sala?

Pense nisso: E se nas próximas 24 horas você pudesse estar em uma sala com mais ou menos uma dúzia de solteiros qualificados e compatíveis do sexo oposto? E se pudesse se encontrar com cada um deles a sós? Além de partilharem da mesma fé, essas pessoas também teriam muito em comum com você.

E se você pudesse interagir facilmente com cada uma dessas pessoas na sala para aprender um pouco sobre quem elas são — não apenas suas preferências, mas também sobre a personalidade delas? Você poderia analisar, por exemplo, como é o senso de humor. E se soubesse que todas essas pessoas estão interessadas tanto quanto você em conhecer alguém para namorar? Nada de investigações e conjeturas. Elas não estariam nessa sala se não estivessem procurando o amor.

Você ficaria interessado em uma sala como essa? Se for como a maioria, você iria se interessar. Qual solteiro não iria? Entrar nessa sala aumentaria de modo instantâneo e radical as suas chances de encontrar um namoro que valha a pena. E é exatamente o que o namoro pela internet faz por você e por sua vida sentimental. Vamos direto ao ponto: Suas chances de encontrar solteiros compatíveis aumentam muito quando você namora online.

Por quê? Porque um site de namoro competente traz a população solteira até você, virtualmente. Seu coração não está mais em uma caça ao tesouro. Você simplesmente considera as várias opções disponíveis, na ponta dos dedos. Seu computador é tudo que está entre você e um possível contato com tantos candidatos quanto queira analisar.

Expandindo seus horizontes do namoro

Depois de muita insatisfação e frustrações com o roteiro tradicional de namoro, ou com a falta disso, Jennifer finalmente se rendeu ao namoro online. "Eu acabei percebendo que tinha pouco a perder e muito a ganhar. Além disso, eu queria parar de lidar com linhas tênues", declara. "Estou cansada de perguntar 'Somos amigos ou estamos namorando'? Online posso conversar três vezes por semana com três rapazes diferentes se eu quiser. Em minha vida regular, acho que nem conheceria três novos rapazes em uma semana, quanto mais um rapaz solteiro que talvez quisesse sair comigo."

Jennifer também aprendeu que o namoro online permite que ela estabeleça seus próprios parâmetros acerca de considerar ou não um namoro com alguém que não mora em sua cidade, Macon, na Geórgia. Ela decidiu que dirigir uma hora e meia até Atlanta era um preço baixo a ser pago para encontrar o amor de sua vida. E foi exatamente onde ela o encontrou. Todd, gerente de uma equipe de vendas em uma empresa farmacêutica, nunca tinha ido a Macon antes de conhecer Jennifer online. Mas Jennifer costuma dizer: "Chegamos ao ponto em que nossos carros dirigem quase automaticamente naquela extensão da rodovia interestadual 75 entre nossas casas".

A questão é que independentemente de morar em uma cidade grande ou em uma cidade pequena, o namoro online permite que você expanda seus horizontes — e, como consequência, suas chances de encontrar o verdadeiro amor. Afinal, há inúmeros casais em que cada um mora de um lado do país, sem falar os que moram em lados opostos da cidade, que nunca teriam se encontrado se não fosse um site de namoro.

LEMBRE-SE

Muitas pessoas supõem que todas as regras de relacionamentos implícitas são eliminadas no mundo virtual, mas isso não é verdade. Aja online como se estivesse naquela sala com outros solteiros. Se falar demais sobre si mesmo e sobre suas realizações na vida real é uma gafe, isso não muda online. Aqui estão alguns dos maiores erros que as pessoas cometem — e repetem — no namoro online. Tente evitá-los.

> **Erro nº 1:** Falar demais sobre relacionamentos anteriores. Use seus amigos para aconselhamento, mas mantenha o foco no presente e no futuro em relacionamentos online.

> **Erro nº 2:** Deixar que você se torne "invisível". Seja em um evento social, seja online, você está ali para se encontrar com a pessoa certa. Não se retraia demais. As outras pessoas precisam conhecer as coisas interessantes a seu respeito — histórias engraçadas, experiências exóticas, amigos legais que você tem, etc.

> **Erro nº 3:** Enviar e-mails em massa (incluindo para seus colegas de trabalho) anunciando que se cadastrou em um site de namoro. Vamos ser francos. O motivo de você estar em um site de namoro é porque quer conhecer novas pessoas. Já conhece as pessoas em sua lista de e-mails. Você quer mesmo que Alvin esteja entre os contatos para começar convidar você para um encontro online? Todavia, se estiver interessado em começar um relacionamento online com alguém que já conheça, mencione casualmente para essa pessoa que você está em um site de namoro e veja o que acontece.

Erro n° 4: Usar *emoticons* demais em suas conversas online. É comum usar linguagem codificada. Mas avalie as desvantagens de usar muitas abreviações, *emoticons*, palavras mal escritas e frases incompletas online. Lembre-se de que a comunicação escrita é mais fácil de ser mal interpretada pelos outros. Comunicação verbal é melhor — e se for face a face é melhor ainda. Se você se comunica por códigos online, os outros podem não entender o que de fato quis dizer, e o mais importante, a sua entonação. Mais uma vez, não dispense as regras de relacionamento só porque está online. Se você convida alguém para jantar e essa pessoa termina cada frase com sorrisos exagerados e apontando para tudo, poderia pensar que é alguém com problemas psicológicos. Algumas pessoas interpretam o uso excessivo de *emoticons* da mesma forma.

9

O Namoro Online É para Você...
Se Deseja Encontrar seu "Par Ideal"
— um Namoro que Valha a Pena

*Sua habilidade para escolher o tipo certo de
companheiro pode ajudá-lo ou derrubá-lo.*
– Samuel Adams

Nós tínhamos acabado de encerrar nossos comentários sobre amor e namoro em um evento noturno para solteiros em uma igreja em Oklahoma City. Enquanto a multidão saía, uma jovem foi direto ao púlpito e, sem se apresentar, perguntou: "Como sei se encontrei a pessoa certa"?

Ouvimos muito essa pergunta. E é uma boa pergunta. O motivo por trás dessa questão, é claro, é o casamento.

"Estou namorando um rapaz há quase dois anos", disse a jovem, "e está ficando sério. Só não sei se ele é 'a pessoa'". Ela prosseguiu nos contando que seus pais são divorciados e que não quer passar pela mesma situação. Seu relacionamento atual estava indo bem, mas ela queria uma confirmação. "Sabe, todos nós ouvimos falar de estatísticas sobre casamentos que não dão certo", ela continuou, "e eu não quero que o meu casamento faça parte das estatísticas".

Acreditamos que você também se sinta desse jeito. Então como saber quem é a pessoa certa para você? Você já sabe que não deve se casar com alguém que bebe, gasta demais, trabalha demais ou se gaba demais; alguém que use drogas ou se envolva com outras práticas ilegais; ou alguém que é infiel, cruel ou desonesto. Você sabe que não quer uma pessoa que seja pessimista, egoísta, sem graça, crítica ou desleixada. Mas eliminar uma porção de características indesejáveis significa que você está a caminho de encontrar a senhorita ou o senhor Certo? Dificilmente.

O que faz alguém ser ideal para você não tem muito a ver com garantir que a pessoa não seja um idiota. O par ideal tem mais a ver com qualidades profundas e menos aparentes. Essas qualidades são quase impossíveis de serem identificadas a menos que você saiba onde procurar. Mas até quando você não consegue especificar, pode senti-las. Como? Você sabe que é uma pessoa melhor por causa desse indivíduo em sua vida. Vocês dois estão crescendo e amadurecendo porque têm um ao outro. Vocês sentem um profundo apoio e encorajamento da parte do outro, tanto intelectual quanto emocionalmente. A pessoa ideal não só faz com que você sinta o entusiasmo de se apaixonar; ele ou ela tem algo que transcende a alegria inicial do relacionamento — uma combinação de qualidades que se mesclam com as suas para uma conexão duradoura que tem mais do que uma chance de ir longe.

Um dos estudos mais completos já realizados sobre relacionamentos íntimos põe em evidência a seguinte conclusão: "Escolher uma pessoa com as características certas é talvez o pré-requisito mais importante para alcançar o ideal de um relacionamento íntimo, pessoal".[1] Em outras palavras, prever o sucesso ou o fracasso de um eventual casamento depende da combinação das qualidades da personalidade das duas pessoas na relação.

É claro, pode levar meses, até anos, para descobrir quais são essas qualidades às vezes misteriosas que combinam com sua própria personalidade. Mesmo depois de um casamento que não deu certo, algumas pessoas ainda não sabem quais são essas qualidades, e então repetem os mesmos erros várias vezes em sua vida amorosa.

As boas-novas: chega de tentativas e erros

Uma coisa é encontrar um namorado; outra coisa bem diferente é encontrar "o namorado" — aquela pessoa que tem qualidades complementares e compatíveis que serão bênção em seu relacionamento "até que a morte os separe". Hoje, porém, mais do que nunca, é mais fácil encontrar a pessoa ideal para você.

O namoro online torna o ato de encontrar o par ideal menos misterioso e relativamente fácil. Por quê? Porque depois de você ter preenchido uma avaliação de personalidade indolor, os bons sites de namoro usam essa informação (bem como suas preferências) para conectá-lo com os melhores contatos possíveis. Nem todos os sites fazem isso. Na verdade, só uma minoria se dá ao trabalho e aos gastos de basear seus sistemas de combinação em variáveis de personalidade. A maioria dos sites simplesmente libera seus usuários para pescar no grande mar dos solteiros e encontrar alguém que desperte seus interesses. Isso está bem longe de ser a melhor maneira de encontrar a pessoa certa.

Os melhores sites são bem mais sofisticados. Eles usam a ciência dos relacionamentos e trabalham nos bastidores para lhe entregar os pares que além de serem adequados às suas preferências também estão em sincronia com seus traços de personalidade básicos. Ao longo de alguns anos atrás, cientistas sociais se tornaram muito bons em prever que casais seriam bem-sucedidos ou fracassariam no casamento. E muitas das variáveis usadas para chegar a essas previsões estão relacionadas à personalidade das duas pessoas que formam o casal. Agora sabemos o que faz uma boa combinação para nossa verdadeira felicidade e casamento duradouro.

Costumava ser assim: quando perguntavam "Como posso saber que encontrei a pessoa certa?", alguém respondia "Você apenas sabe", ou algo parecido. Bem, você não precisa contar com os mistérios da intuição se quiser saber se é um bom partido. Não é preciso adivinhar. Chega de tentativas e erros. Se você estiver usando um bom site de relacionamentos, pode saber desde o início se suas personalidades vão bater de frente ou se encaixar como uma luva.

O namoro online não diminui o romantismo

Enquanto escrevemos estas palavras, podemos ver você torcendo o nariz e balançando a cabeça. Trabalhamos com casais o bastante para saber que você pode estar pensando: *Ok, mas isso*

Seis Maneiras de Saber se o Namoro Online É para Você

tira todo o romantismo de encontrar minha pessoa certa. Não caia nesse mito. A "parte científica" não faz nada para eliminar o romantismo do processo. Tudo acontece nos bastidores por causa do processo online. Após completar sua avaliação de personalidade, você mal está ciente da "parte científica" porque o site está analisando todas as opções para você e só colocará os melhores no topo de sua lista de contatos em potencial.

Mas o site não vai selecionar "a pessoa" para você. Ele apenas fornece as opções. Muitas opções. Você ainda precisará do seu coração para guiá-lo no processo de encontrar a pessoa ideal. O site simplesmente evita que seu coração seja maltratado por relacionamentos que não serão bem-sucedidos na longa jornada.

Reflita sobre uma breve analogia. Se você fosse o presidente de sua própria empresa, não contrataria um vice-presidente com base em uma foto e um parágrafo que ele ou ela escreveu sobre si mesmo. Nem estaria satisfeito depois de encontrar a pessoa uma ou duas vezes. Você tem muito em jogo. Esta é uma decisão importante que determinará o futuro de sua empresa. Não gostaria de ver apenas o currículo dos candidatos, mas também gostaria de se informar a respeito das características da personalidade deles para saber como se ajustariam às suas. Isso é fundamental para prever o sucesso de sua relação profissional.

Isso também é verdade quando se trata de uma parceria romântica. Se você quer que a relação chegue longe, precisa ter um bom parceiro. E os especialistas em relacionamento de hoje sabem, a partir de pesquisas, que combinações de traços de personalidade dão longevidade e felicidade ao relacionamento.

Então por que deixar isso ao acaso? Com o site de relacionamentos certo, que use um sistema moderno de avaliação de personalidade, você pode ter mais segurança do que nunca para encontrar sua pessoa ideal.

LEMBRE-SE

Mais e mais pessoas estão "usando um mouse para encontrar um cônjuge". Em outras palavras, o namoro online não é "ficar". Pessoas que são sérias quanto a encontrar um relacionamento sadio e duradouro estão conseguindo isso online. Aqui estão algumas dicas para manter em mente a fim de alcançar esse resultado:

> **Não ache que a primeira pessoa que encontrar é a pessoa ideal:** Alguns solteiros — em especial aqueles que nunca namoraram — caem na armadilha de achar que a primeira pessoa que conhecem online é "a pessoa". Pode ser a pressa de finalmente encontrar um bom partido, quando se está há séculos sem namorar. Mas não caia de amores pela primeira pessoa que por acaso chamar sua atenção. Invista algum tempo para saber se a sua personalidade combina com a de alguém.

> **Use um site que vá além de uma foto e um parágrafo:** Atualmente, a comunidade profissional sabe muito a respeito da ciência dos relacionamentos. Sabemos quais ingredientes resultam em um amor gratificante e duradouro. E sabemos o que leva algumas pessoas a errar o alvo. Um bom site irá ajudá-lo a fazer a melhor escolha possível.

Convide seus amigos e familiares para darem sugestões: Namorar online às vezes pode dar a sensação de isolamento porque você está conhecendo seus "pretendentes" um a um, e não em um ambiente social onde poderia ter amigos que normalmente lhe mostrariam algumas pistas que talvez não tenha percebido. Assim, se algum contato está ficando mais intenso online, não demore a pedir que pessoas conhecidas e que o amam expressem suas opiniões acerca do namorado em potencial.

10

O Namoro Online É para Você...
Se Deseja Usar seu Tempo e seu Dinheiro com Sabedoria

Como cada fio de ouro é valioso, assim é cada instante.
– John Mason

Se quiser começar uma conversa interessante com alguém, faça esta pergunta: O que você gostaria de ter — mais tempo ou mais dinheiro? Pense em sua resposta. Se pudesse ter mais uma hora por dia em casa ou um aumento de dez mil reais por ano, qual seria sua escolha?

Verifica-se que menos da metade dos que responderam à pergunta prefeririam o dinheiro.[1] Cinquenta e um por cento de nós preferiríamos ter mais tempo livre, mesmo que isso significasse menos dinheiro. E 35% gostaria de ganhar mais dinheiro, mesmo que isso significasse menos tempo livre. Tudo indica que o restante não conseguiu decidir.[2]

Não importa qual seja sua resposta, quando se trata de namoro online você geralmente poupa tempo e dinheiro.

Como o namoro online poupa seu tempo

"Para mim, um dos maiores bônus do namoro online é poupar tempo", diz Marcus. Como um ocupado gerente de vendas em uma empresa de publicidade em Austin, Marcus, de 34 anos, está em ritmo acelerado. "Cheguei a uma fase de minha vida em que estou pronto para me acalmar", afirma. "Construí minha carreira, e é claro que conheci algumas pessoas ao longo do caminho, até mantive dois relacionamentos que duraram bastante, mas estou mesmo pronto para trocar de marcha, me casar e formar uma família."

"O namoro tradicional é um incrível consumidor de tempo", ele confidencia. "Primeiro é preciso encontrar uma mulher para convidar para sair, e então é preciso descobrir se ela está interessada em namorar por diversão ou sério. É por isso que gosto de usar um site de namoro que se dedica a encontrar um relacionamento sério (não alguém para "ficar"); você sabe que todos os outros membros partilham do mesmo objetivo — encontrar um namorado ou namorada que valha a pena."

Marcus está certo. O namoro online poupa tempo ajudando-o a ir direto ao ponto. Você não precisa dedicar uma noite para descobrir se estão falando a mesma língua. Pode perceber isso lendo o perfil dele ou dela online. Mas o namoro online também poupa um tempo valioso de outras formas. Pense em todos os casais que você conhece (talvez faça parte de um deles) que namorou por meses e meses só para descobrir que não eram compatíveis. Claro, eles podem ter aprendido alguma coisa sobre si mesmos no processo, mas se tivessem identificado a compatibilidade desde o início,

Seis Maneiras de Saber se o Namoro Online É para Você

não precisariam ter atravessado um longo processo só para terminar em sofrimento. É evidente que o namoro online não garante que uma cena parecida nunca aconteça nos encontros online, mas diminui as chances (desde que um site respeitável o esteja ajudando a encontrar boas combinações). A questão é que no namoro online você poupa tempo por saber com quem está se envolvendo desde o início.

"Eu costumava gastar tempo para conhecer uma mulher antes de avaliar se havia alguma química entre nós", diz Marcus. "É claro, isso significa se arrumar para o encontro, e então sair para jantar ou fazer alguma outra coisa em uma sexta-feira ou sábado à noite." Com o namoro online, tudo muda. "Agora não tenho que sair literalmente para descobrir se há uma gota de esperança no relacionamento. É uma grande economia de tempo!"

Identificando-se ou não com Marcus, estamos muito confiantes de que tempo é importante para você. Nos dias de hoje, parece que todos nós trabalhamos mais horas do que nunca, e a demanda de tempo em nossa vida é enorme. É por isso que o namoro online garante economia de tempo. Pense assim: Você não pode namorar todos os dias, principalmente depois de um longo dia de trabalho — e em especial se for pai ou mãe solteira, que precisa estar em casa à noite com filhos pequenos. Porém, no finalzinho da noite, depois que as crianças estão na cama, pode se sentar diante do computador e se comunicar com outros cristãos solteiros que poderiam ser a sua "pessoa ideal". Em outras palavras, você não tem tempo para namorar, mas tem tempo para o namoro.com. E nem precisa fazer o cabelo ou se arrumar!

Como o namoro online poupa o seu dinheiro

Poucas coisas são tão empolgantes ou caras quanto um novo relacionamento amoroso. Solteiros relatam que o custo médio de um primeiro encontro fica entre 60 e 200 reais, dependendo de onde você more. E é um padrão para os namoros que podem ter início. Por fim, os casais tendem a substituir os jantares e concertos por programas mais criativos e que não são tão caros (como um piquenique ou uma pizza). E ainda, se você somar o dinheiro que as pessoas gastam conhecendo pretendentes a um relacionamento de longo prazo, o custo aumenta, e rápido.

"Tudo bem, então se conhecer um pouco mais online para ver se vale a pena me protege de desperdício de dinheiro previsto para os encontros", você pode dizer, "mas e quanto às despesas de contratar um serviço online"?

É uma boa pergunta. Mas pense nisso de forma lógica. O que você gasta por alguns meses de namoro online em um site respeitável e eficiente não costuma ser mais que o custo de um ou dois "primeiros encontros". E nesse período você pode conhecer não apenas um possível namorado, mas vários candidatos. Pensando dessa forma, você percebe rapidamente que o namoro online não só é razoável, mas literalmente poupa o seu dinheiro — supondo que você pague as despesas nos encontros. E mesmo se não pagar, com o namoro online economiza dinheiro de outras formas. O namoro tradicional tem as despesas encobertas com transporte e roupas (você quer estar com uma boa aparência, certo?). E se não estiver conhecendo candidatos ao namoro online, pode gastar dinheiro para ir a lugares onde possa encontrar a possibilidade de um romance. Caso não concorde, apenas se lembre do velho ditado "Tempo é dinheiro", e não é indiscutível o fato de que a conveniência do namoro online é oportuna.

Você já entendeu. Não é necessário insistir no assunto. O namoro online poupa tempo e dinheiro.

LEMBRE-SE

O namoro online pode ser um dos meios mais eficazes de pessoas solteiras administrarem seu tempo e dinheiro. Na verdade, ele pode ser incrivelmente econômico nos dois sentidos se comparado ao namoro no mundo real. Aqui estão algumas dicas para manter em mente enquanto aproveita ao máximo sua experiência online.

> **Estabeleça um limite de tempo online:** Embora o namoro online seja um ótimo poupador de tempo, alguns solteiros podem ficar tão envolvidos no processo que perdem a noção do tempo. Isso pode consumir um tempo que eles precisam para manter suas vidas em equilíbrio. A questão é estar ciente de quanto tempo você está dedicando a esse processo importante a fim de que se mantenha "conectado" ao seu mundo real também.

> **Seja intencional:** Pergunte a si mesmo o que você quer obter com a experiência do namoro online e quais são as qualidades que está procurando em alguém que deseja encontrar. Em outras palavras, não deixe os cliques

aleatórios do seu mouse tarde da noite determinem seu interesse em alguém. Saiba o que é realmente importante para você. Se tiver dificuldade de definir, converse com um bom amigo, alguém que o conhece há bastante tempo. Com frequência, esse tipo de pessoa é capaz de identificar seus interesses, prioridades e valores mais rápido do que você.

11

O Namoro Online É para Você... Se Você Fracassou no Amor e Está Pronto para Descobrir o que É o Amor Verdadeiro

O curso do amor verdadeiro nunca fluiu suavemente.
– William Shakespeare

Teresa sabia que algo estava errado. Ela e Brad namoravam desde que eram calouros na faculdade. Dois anos depois de concluírem a graduação, ainda não estavam noivos. Eles conversavam sobre isso. Mas toda conversa terminava do mesmo jeito. Brad dizia: "Nunca vou lhe pedir em casamento se ficar me pressionando". Porém, seis anos depois, Teresa não aguentou mais. Ela deu um ultimato a Brad. Ele rejeitou, e cada um seguiu seu rumo, ambos com o coração partido. Dois anos depois, voltaram a ficar juntos e namoraram por mais dois anos, e então Brad disse a Teresa que casamento não era para ele. Ela ficou arrasada: "Perdi quase uma década de minha vida com ele, achando que seria o homem com quem me casaria".

Jason diz que era como se seu coração estivesse sendo chutado pela sala quando Lisa pronunciou as três palavras que todo casal teme: "Nós precisamos conversar". Jason sabia o que estava acontecendo. Naquela frase, seus três anos de namoro desmoronaram diante de seus olhos, e não havia nada que pudesse fazer para evitar. Por motivos que ele ainda não consegue explicar, Lisa terminou tudo. E mais de seis anos depois, o coração de Jason ainda não se recuperou.

Rebecca nunca achou que isso aconteceria com ela. Após dois anos de casamento, seu marido revelou que queria o divórcio. Ele estava apaixonado por uma mulher no trabalho e inesperadamente anunciou a Rebecca que o casamento havia chegado ao fim. Ela não conseguia falar. Ficou literalmente parada, absorvendo a notícia inimaginável.

Você já ouviu histórias de amores não correspondidos. E há boas chances de que tenha vivido alguma. Um estudo envolvendo mais de 150 homens e mulheres constatou que apenas 2% nunca haviam sido rejeitados por alguém a quem amavam ou descobriram que eram alvos de um sentimento romântico que não corresponderam.[1] Alguns estudos até indicam que um em cada cinco adolescentes sofre de depressão por causa de um rompimento amoroso.[2] Adolescentes! Não é de admirar que o filósofo Erich Fromm tenha escrito: "Não há quase nenhuma atividade, qualquer empreendimento, que comece com tanta expectativa e esperança e, ainda assim, fracasse tanto como o amor".[3]

É verdade. O amor fere. Mesmo se o seu coração foi ferido ou partido por causa de um rompimento, não significa que não possa se restabelecer e encontrar o amor de novo. Você pode acreditar que o amor o tenha ignorado, especialmente se o rompimento é recente, mas isso não é verdade.

Uma janela para o seu futuro

Pesquisas mostram que no momento certo — depois de se permitir chorar, depois de conversar com bons amigos, depois de lamentar a perda — o melhor remédio para um coração partido é seguir em frente, e não voltar ao passado. Isso não significa ceder ao conhecido "efeito rebote" e cair nos braços da primeira pessoa disponível que aparecer. Significa cultivar alguma esperança e otimismo para o seu futuro amoroso. E uma das maneiras mais práticas de fazer isso é explorar o namoro online. Por quê? Porque o namoro online é uma forma fácil e indolor de ver o que o futuro pode lhe apresentar. Ele permite que você siga o seu ritmo. Está no comando da experiência, administrando seu próprio nível de conforto.

Lynn Thompson, de 38 anos, sofreu o golpe mais traumático de sua vida quando descobriu que seu marido tinha sido infiel — várias vezes com várias mulheres. Ela entrou em uma escura nuvem de desespero. Durante meses ela mal conseguia sair da cama de manhã para ajudar sua filha a se arrumar para ir à escola e então para procurar um emprego que a ajudaria a viver dentro do orçamento. Lynn estava deprimida e sabia disso. Seu pastor tentou ajudar, mas tanto Lynn quanto ele sabiam que ela precisava de uma intervenção mais séria. Com a indicação para um bom conselheiro, Lynn pelejava com a ira reprimida e ressentimento que nunca havia expressado antes. A tempo, ela começou a sair da escuridão. E com um incentivo de seu conselheiro alguns meses depois, decidiu experimentar um site de namoro online.

"De início, nem conseguia acreditar que estava fazendo isso", ela confessa. "Era como se eu não devesse estar ali por alguma razão. Mas depois de algum tempo comecei a encontrar parte de mim que eu pensava ter perdido. Comecei a refletir sobre meu futuro de um modo novo e positivo." O próprio ato de abrir seu laptop para verificar quem havia demonstrado interesse em se comunicar com ela tornou-se empolgante. "Depois da situação que enfrentei, faz muito bem para o ego ver que há homens decentes que poderiam se interessar por mim. Até encontrei uns dois pessoalmente, e embora tenha sido divertido, ainda estou procurando", diz Lynn. "Agora sei que a pessoa ideal para mim está em algum lugar. Estamos apenas esperando o momento em que vamos nos encontrar."

Quem você está esperando encontrar?

O namoro online não é uma cura instantânea para um coração partido. Mas pode ser um grande auxílio no processo de cura. Então, se você está mergulhado em tristeza há muito tempo porque sofreu uma decepção amorosa, nós o encorajamos a pensar na ideia do namoro online — em um site respeitável. O próprio processo de acessar a internet para levar isso em consideração pode ser assustador. Sabemos disso. Mas também pode ajudá-lo a abrir uma janela para o seu futuro amoroso à medida que procura pela pessoa que talvez esteja procurando por você.

LEMBRE-SE

Se seu coração partido está se recuperando, certifique-se de estar em um bom lugar emocional antes de ingressar no namoro online. Quando estiver pronto, você logo perceberá que pode ser um grande presente. Mas o segredo é ter certeza de que está bem. Aqui estão algumas dicas para ajudá-lo ao longo do processo de cura:

> **Permita-se chorar:** Um rompimento parte o coração, e você tem direito a um tempo para se sentir mal. Isso dói. Então ceda à agonia e chore. Você se sentirá bem melhor. Estudos científicos mostram que as lágrimas liberam certos hormônios que expurgam a depressão a fim de que você comece a se sentir melhor física e emocionalmente depois de um bom choro. Ele literalmente lava a alma.
>
> **Pare de se culpar:** Pessoas que sofreram o fim de um relacionamento com frequência assumem a culpa. Elas se sentem culpadas por terem fracassado em outro relacionamento. Por fim, acabam convertendo seus sentimentos de culpa em compulsões por comida, uso de drogas e álcool, encontros sexuais com estranhos, ou evitam qualquer tipo de intimidade. Não caia na armadilha da culpa. Embora tenha sua participação em um relacionamento, você não é a causa do fracasso. Isso sempre envolve duas pessoas.

Cuidado com o efeito rebote: Sentir-se rejeitado pela pessoa que é importante para você é o suficiente para levar quase todo o mundo aos braços da primeira pessoa disponível que aparece após o rompimento. Essa experiência, na verdade, é tão comum que recebeu um nome: rebote. Mas não se permita cair nessa armadilha. Se isso acontecer, você só vai arranjar um novo sofrimento. Pesquisas mostram que aqueles que agem sob o efeito rebote tendem a se apaixonar por pessoas que logo irão rejeitá-las. Não deixe que isso aconteça com você.

12

O Namoro Online É para Você... Se Você Quer se Proteger da Dor Emocional e do Perigo

A segurança do seu namoro online começa quando você se informa.
– Joe Tracy

Você sabe quem mais ganha dinheiro na Liga Nacional de Futebol Americano? Os *quarterbacks* (lançadores), *running backs* (corredores) e *wide receivers* (recebedores abertos). Eles também são destaques nas páginas de esporte. Mas se você ler o livro *Um Sonho Possível*, de Michael Lewis, ou assistir ao filme com o mesmo título, estrelado por Sandra Bullock, sabe que hoje os que ganham o segundo salário mais alto são os *left tackles*.

Os *left tackles* não costumam aparecer em manchetes nos jornais, mas jogam em uma posição muito importante. Lewis associa essa importância cada vez maior à lesão que pôs fim à carreira do famoso *quarterback* Joe Theismann no *Monday Night Football* em 1985. Mais de 17 milhões de pessoas assistiram ao momento em que um *linebacker* muito grande e forte chamado Lawrence Taylor atingiu Theismann e fraturou uma das pernas do *quarterback*.

Como a maioria dos *quarterbacks* são destros, o principal papel dos *left tackles* é evitar que seu *quarterback* seja atingido pelas costas. E com a próxima geração de *linebackers* e *defensive ends* (pontas defensivos) fortes, é necessário uma pessoa especial para fazer isso. *Left tackles* devem pesar mais de 130 quilos e ter braços longos para bloquear, mas também devem ser rápidos. Hoje, há times dispostos a pagar por um jogador com esse perfil. Em 2004, o salário médio de um *left tackle* na Liga Nacional de Futebol Americano era de cinco milhões e meio de dólares. Apenas *quarterbacks* titulares ganhavam mais.

Por quê? Porque proteger o *quarterback* é essencial para o sucesso do time. Proteção é um bem valioso — em qualquer empenho. E tem especial importância quando se trata de namoro online.

Você está mais protegido do que imagina

Um dos comentários mais comuns que ouvimos de solteiros relutantes em acessar a internet para encontrar o amor é que não é seguro. Então vamos admitir logo: alguns de nós ouvimos histórias, verdadeiras ou não, de pessoas que conheceram tipos estranhos em sites. Atualmente, porém, essas histórias são raras, e por um motivo muito simples. A indústria do namoro online ficou mais esperta.

Para mostrar o quanto os serviços de namoro online se tornaram sofisticados e profissionais, eles enfatizam muito a privacidade e o anonimato. É claro, você tem que abrir

Seis Maneiras de Saber se o Namoro Online É para Você

mão de um pouco do seu anonimato, mas a privacidade é 100% garantida. E se acontecer de você conhecer alguém desagradável que o esteja incomodando, os moderadores do site querem ser informados a respeito disso. Seu verdadeiro nome, endereço, número de telefone e e-mail pessoal nunca são partilhados com ninguém, a menos que *você* os dê a alguém online.

Se sua amizade online levar a um encontro pessoalmente, siga as mesmas regras que seguiria no mundo do namoro tradicional quando se sai com alguém pela primeira vez: escolha um local público, vá para casa sozinho, diga a familiares e amigos aonde vai e a que horas pretende voltar, e certifique-se de que seu celular esteja carregado. Talvez também queira que alguém ligue para você em determinado momento para ver se está tudo bem — caso tenha se enganado e o encontro não tenha atingido as expectativas.

Você pode encerrar a conexão online com um clique

Sites de namoro respeitáveis que cobram uma taxa por seus serviços têm os padrões de segurança mais rigorosos. Na verdade, a maioria dos especialistas afirma que o namoro online é um método extremamente seguro de conhecer outros solteiros — mais seguro que conhecer um estranho em público. Além de deixá-lo no anonimato por quanto tempo quiser, esses sites têm funções de bloqueio para evitar contato não desejado com certos solteiros. Mas aqui está o ponto principal sobre segurança nessa área: Você pode descobrir muito mais acerca de outros solteiros antes de marcar um primeiro encontro do que seria possível se vocês se conhecessem por acaso em um grupo da igreja ou em algum outro local. A experiência online lhe dá a oportunidade de aprender sobre eles antes de se encontrarem de fato — e isso diminui as chances de desapontamento emocional, bem como a potencial falta de segurança.

"É mesmo empolgante finalmente encontrar alguém que você conheceu online", diz Maggie, de 29 anos, "porque na Web as pessoas estão mais dispostas a se abrir e a deixar que o outro veja quem elas realmente são". É verdade. Pessoalmente, em um primeiro encontro, muitas pessoas tendem a ficar cautelosas e preocupadas sobre como serão vistas pelo outro. "No entanto", Maggie prossegue, "quando está conhecendo alguém online, você simplesmente tem que clicar em seu mouse para sair de uma conversa, e sabe que nunca precisará manter contato com aquela pessoa de novo, então é mais provável que fique mais vulnerável".

Ficando esperto quanto a estar online

É claro que da mesma forma que você baixa a guarda por saber que a outra pessoa não pode vê-lo, os outros também sabem que não podem ser vistos. É por isso que às vezes você ouve histórias de pessoas que se encontraram com alguém que conheceram online e que, pessoalmente, não tem nada com o que demonstravam ser na internet. Afinal, é muito fácil ser um advogado alto e de porte atlético online, mas na realidade ser um estudante baixinho e fora de forma. Nem sempre isso acontece, mas é algo para manter em mente.

Seis Maneiras de Saber se o Namoro Online É para Você

Embora a maioria das pessoas em sites respeitáveis sejam sinceras e honestas, é importante se lembrar de que, como no namoro tradicional, você pode se deparar com um idiota enganoso. Apenas fique atento à sua segurança quando se tratar de informações que compartilha online e com as fases iniciais de contato com alguém.

LEMBRE-SE

Quando refletimos sobre namoro, com frequência a primeira ideia que vem à mente é um jantar romântico como mostrado nos filmes. Mas o namoro — em especial o namoro online — não tem que ser uma experiência "solitária". Às vezes, os melhores encontros são em grupo. Nessas experiências em grupo, você pode aprender como seu parceiro interage com os amigos dele — ou com os seus. Essas interações podem falar mais alto acerca do verdadeiro caráter da pessoa. E se seus amigos conhecem seu novo namorado, também podem lhe dar suas impressões. Considere a ideia de fazer do seu primeiro encontro uma experiência em grupo. Isso pode aliviar bastante qualquer preocupação quanto à segurança e também lhe dar uma variedade de maneiras de conhecer seu novo par.

Caso decida ir a um encontro a sós, há algumas coisas que pode fazer para se manter seguro. Obviamente, não é necessário suspeitar que todo o mundo está sendo desonesto online. Mas a lista abaixo irá ajudá-lo a garantir que seu "encontro às escuras" estará protegido:

Fique no controle: Você só deve conversar por telefone ou se encontrar pessoalmente quando se sentir confortável e preparado. Se a outra pessoa está insistindo, você não tem obrigação nenhuma de aceitar.

Proteja detalhes pessoais: Seu sobrenome, informações sobre seu trabalho, etc. devem permanecer privados até que você tenha constatado que a outra pessoa merece confiança. Muito semelhante à vida real, conhecer pessoas e desenvolver confiança com elas leva tempo.

Peça uma foto recente: Não há problema algum em perguntar às pessoas se a foto delas online é recente. Caso não tenham postado foto, peça uma. E, é claro, se vocês se encontrarem e a pessoa for diferente da foto, você já fica sabendo que está lidando com alguém que está enganando e não merece confiança.

Marque o primeiro encontro em um lugar seguro: Seu primeiro encontro deve ser em um local aberto, público e conhecido, mesmo que a outra pessoa pareça ser sincera e confiável. Não é o momento para um passeio a esmo.

Use um serviço pago de namoro online: Sites gratuitos oferecem uma oportunidade maior para indivíduos perigosos em potencial porque não exigem um cartão de crédito ou qualquer outra informação que possa ser usada para identificar seus usuários.

Seis Maneiras de Saber se o Namoro Online É para Você

Mantenha seus amigos cientes: Uma mulher que se encontra pela primeira vez com alguém que conheceu online deve contar aonde vai a uma amiga de confiança ou a um membro da família, e talvez pedir que alguém telefone para ela mais ou menos 30 minutos após o horário do encontro para saber se está tudo bem.

Regras do senso comum: É claro, evite qualquer coisa que pareça suspeita, estranha ou insegura. Talvez você tenha que seguir seus instintos ou intuições.[1]

Parte 3:

Cinco Perguntas que Você Deve Fazer antes de se Cadastrar

> Aquele que faz uma
> pergunta é um ignorante
> por cinco minutos;
> aquele que não pergunta
> permanece ignorante
> para sempre.
> – Provérbio chinês

13
O Site se Dedica a me Ajudar a Encontrar o Verdadeiro Amor?

Não há relacionamento, comunhão ou companhia mais bela, amorosa e encantadora do que um bom casamento.
— Martinho Lutero

Em um episódio de *Seinfield* intitulado "O Noivado", Jerry e seu amigo George Costanza decidem que é hora de "crescer" e trata com mais respeito as mulheres com quem eles saem. (George acabou de romper com uma namorada porque ela o derrotou em uma partida de xadrez.) A conversa deixa uma marca tão forte em George que ele imediatamente procura uma ex-namorada, vai ao apartamento dela e a pede em casamento.

Jerry opta por algo menos extremo; ele volta ao seu apartamento e decide conversar sobre o assunto com seu amigo Kramer.

— Tive um almoço interessante com George Costanza hoje — diz Jerry a Kramer. — Estávamos conversando sobre nossa vida, e nós dois percebemos que somos crianças, e não homens.

— Então vocês se perguntaram: "Há algo mais para viver"?
— Sim! — respondeu Jerry. — Isso mesmo!
— Bem, deixe-me dar uma dica — diz Kramer. — *Não* há mais nada.
— Não há? — responde Jerry com um semblante preocupado.
— Absolutamente nada! — diz Kramer. — Quero dizer, sobre o que está pensando, Jerry? Casamento? Família?... Eles são prisões! Prisões feitas pelos homens! Você está cumprindo pena! Acorda de manhã, ela está lá. Vai dormir à noite, ela está lá. É como ter que pedir permissão para... usar o banheiro.

Kramer zomba da esposa imaginária, dizendo com um sorriso sarcástico:

— Algum problema se eu usar o banheiro agora?
— Sério? — pergunta Jerry.
— Sim, e você pode esquecer a ideia de assistir à TV enquanto estiver comendo.
— Esquecer?
— Sabe por quê? Porque é hora do jantar! E sabe o que vocês fazem durante o jantar?
— O quê?
— Vocês conversam sobre o dia! "Como foi seu dia hoje? Teve um bom dia ou um dia ruim? O que aconteceu? Eu não sei. E você? Como foi o *seu* dia?"
— Meu amigo... — diz Jerry surpreso.

Ao que Kramer replica:
— É triste, Jerry. É uma situação lamentável.

Jerry está horrorizado com a imagem que foi pintada.
— Fico feliz por essa conversa — ele diz a Kramer.

— Oh, você não faz ideia! — responde Kramer.[1]
E nem Kramer.

A verdade sobre ser feliz no casamento

O casamento com frequência é tema em comédias. E embora possamos rir com a visão de Kramer sobre casamento, casais felizes sabem muito mais. Na verdade, o que Kramer chama de "prisão feita pelos homens" é a fonte número 1 de felicidade no planeta. Uma sorte inesperada emocional aguarda as pessoas que procuram o amor de suas vidas. Estudos que acompanham a vida de pessoas durante alguns anos fornecem provas convincentes de que o casamento resulta em melhor saúde emocional. Em termos práticos, significa que homens e mulheres casados sofrem menos de depressão, ansiedade e problemas psicológicos em geral. Mais importante, pessoas em bons casamentos se divertem mais.

Uma pesquisa feita com 14 mil adultos durante um período de dez anos descobriu que 40% das pessoas casadas afirmam que são "muito felizes" com a vida em geral, comparadas com menos de 25% de solteiros ou pessoas que vivem juntas. (Apenas 18% de pessoas divorciadas entram nessa categoria.)[2]

Encontrando seu futuro cônjuge online

Como dissemos, para milhares de solteiros, o cenário de namoro online é pouco mais que um meio de encontrar alguém para ficar. Na verdade, como você já deve saber, é possível encontrar site após site que é explicitamente dedicado a casos amorosos e relacionamentos passageiros. Agora, sabemos que você não está procurando sites que promovem a conhecida mentalidade do relacionamento sem compromisso. Só queremos nos certificar de que você reflita sobre suas opções, concentrando a atenção em sites que se dedicam a ajudá-lo a encontrar um amor duradouro. Ou seja, queremos que você encontre um site cujo foco seja encontrar um par para você estabelecer um relacionamento que possa prosseguir para o casamento.

LEMBRE-SE

Nem todo o mundo está em busca do "verdadeiro amor", e nem todo site de namoro se dedica a ajudar as pessoas a encontrá-lo. Muitos solteiros se contentam com algo menos significativo — relacionamentos casuais e que duram apenas uma noite. Eles simplesmente não estão procurando alguém para amar pelo resto de suas vidas. Quando você acessar a internet para conhecer outras pessoas, avalie o site de relacionamentos que está usando e veja se os valores do site estão de acordo com os seus. O site deve funcionar como seu primeiro filtro. O que o site que você usa está fazendo para ajudá-lo a encontrar a pessoa certa? As perguntas a seguir irão ajudá-lo a determinar se as pessoas que conhece online são sérias quanto a encontrar a pessoa ideal.

> **Meu pretendente está se tornando mais aberto?** Não espere conversas profundas online de imediato ou no primeiro encontro. Mas ao longo do tempo, pergunte-se se o seu pretendente aos poucos está falando mais sobre suas crenças e valores mais profundos e se está disposto a ficar emocionalmente vulnerável.

Meu pretendente sonha comigo? Depois de algum tempo em contato, é natural começar a imaginar o futuro. Se seu pretendente está começando a expressar esperanças e sonhos para o futuro, pode ser um bom sinal de que ele ou ela leva a sério a ideia de construir uma vida juntos.

Meu pretendente está disposto a investir tempo comigo? Compromissos de longo prazo levam tempo. Quem está em busca da pessoa certa entende a importância de investir tempo para conhecer melhor seus namorados em potencial. Se o seu pretendente o está apressando e você está começando a se sentir desconfortável, é um sinal de alerta. Recue. Isso não significa que seu pretendente é a pessoa errada. Quer dizer apenas que você precisa de mais tempo para aprender quem essa pessoa realmente é e aonde quer chegar.

14
O Site Baseia-se na minha Fé e Está em Harmonia com minhas Crenças Pessoais?

O casamento requer o tipo mais radical de fé.
– Elizabeth Cody Newenhuyse

Lauren gostava de Alex — muito. Eles estavam namorando por mais ou menos quatro meses, e uma amiga perguntou a Lauren sobre o relacionamento.

— E então, está ficando sério?

Lauren, na faixa dos 30 anos, apenas encolheu os ombros e sorriu.

— Oh, sei o que isso significa — você *gosta* dele, não gosta?

— Gosto. Não falamos nada sobre "estar apaixonados" ainda, mas uma noite estávamos no sofá assistindo à TV, e ele se inclinou e me deu um beijo — disse Lauren. — Cheguei a pensar que iria dizer que me amava.

— Uau! Você está apaixonada, garota.

— Eu sei. Ele parece tão perfeito.

— Por que não veio à igreja com ele?

Houve um momento de silêncio, e Lauren ficou meio sem jeito. Então respondeu:

— Há um problema. Ele não se interessa pela igreja.

— Entendi...

As sobrancelhas da amiga se levantaram à medida que os pensamentos começavam a girar em sua mente.

Lauren rapidamente apresentou explicações de como ela faria para levá-lo à igreja, mas não queria que o namorado se sentisse desconfortável. E quanto mais ela e a amiga conversavam, mais ficava aparente que o novo namorado de Lauren não tinha qualquer interesse em sua fé cristã.

Isso importa? Se estivesse no lugar de Lauren, você se sentiria à vontade quanto a isso?

Namoro e vida cristã

Vamos parar por um momento e pensar nisso de modo bem superficial. Fato: Se você é um seguidor de Cristo, seu relacionamento com Deus é a parte mais profunda, mais intensa e mais importante de sua vida. Fato: Para um relacionamento de namoro sério ter qualquer chance de sucesso, você precisa conectar, na hora certa, as partes mais importantes de si mesmo com seu cônjuge em potencial. Portanto, não seria de vital importância que o seu lado espiritual estivesse em harmonia com o lado espiritual do seu parceiro? Não seria um elemento essencial para "tornar-se um", alma com alma, coração com coração, no casamento?

Jesus orou para que seus seguidores fossem um, da mesma forma que Ele e o Pai são um (leia João 17.11). E, no fundo, este é o propósito final do namoro — encontrar a pessoa com quem vamos prosseguir em nossa caminhada com Deus. "Se não sentimos nenhum tipo de conflito ou perda por nosso parceiro não estar na mesma linha espiritual, há um problema em nossa própria vida religiosa", afirma o nosso amigo Dr. John Townsend, coautor de *Boundaries in Dating* [Limites no Namoro].[1] Ele quer dizer que se você não vê sérias batalhas se formando por causa do "jugo desigual", está enfrentando um período difícil tentando sobreviver em sua fé cristã.

Você compreende? A grande questão não é "Como nosso namoro influencia nossa vida espiritual?" E sim "Como nossa vida espiritual influencia nosso namoro?" O namoro é um presente de Deus. Foi Ele que inventou as conexões emocionais, e Ele sabe como elas funcionam melhor. Por isso é tão importante seguir a orientação dEle encontrando um namorado que compartilhe a parte mais profunda e mais importante de quem somos. Caso contrário, acabaremos inevitavelmente nos sentindo mais como duas pessoas que partilham um quarto do que como duas pessoas que partilham o coração.

A necessidade de começar em sincronia espiritual

No início deste livro, nós lhe contamos que estávamos escrevendo explicitamente para solteiros cristãos que levam a fé a sério. Se for o seu caso, procure assegurar-se de que o site de relacionamento que você usa está comprometido em ajudá-lo a encontrar não só um relacionamento duradouro, mas também que esteja firmado nos valores da fé cristã.

Se você estuda a Palavra de Deus, já sabe que isso é importante do ponto de vista teológico. Mas nos deixe mostrar-lhe por que é importante de uma perspectiva prática também. Quando um homem e uma mulher que amam a Deus tornam-se marido e esposa, um ajuda o outro na caminhada cristã — "como o ferro com o ferro se afia".[2]

Considere o casal que partilha uma fé cristã fervorosa. Eles podem enfrentar dúvidas e desertos espirituais, mas de modo geral, estão em um caminho espiritual positivo juntos. Individualmente, eles buscam conhecer a Deus e seguir a Jesus. Mas diferente de muitos casais, essas duas pessoas descobriram formas de interagir um com o outro no plano espiritual, mesmo em meio à agitação da vida. A espiritualidade individual é inspirada por momentos sagrados, mesmo que sejam breves, que eles partilham como casal. O comportamento religioso deles não se resume a meros rituais ou tarefas; são atividades significativas que os levam a um nível mais profundo na rotina diária e então os capacita a voar nas asas de experiências espirituais compartilhadas.

Imaginamos que seja esse tipo de experiência que você anseia para seu futuro casamento. E talvez já esteja comprometido em usar um site de namoro cujo funcionamento é responsabilidade de cristãos sinceros. Apenas nos sentimos impelidos a apresentar esse ponto porque temos aconselhado muitos casais espiritualmente incompatíveis, e testemunhamos o sofrimento que isso pode causar. Por essa razão, queremos o melhor para você — queremos que use um site repleto de pessoas que compartilham de sua devoção a ter uma vida que honre a Deus.

LEMBRE-SE

O fato de ir à igreja não deve ser a única base para afirmar que não está em "jugo desigual". Em que o seu cônjuge em potencial realmente crê? Como conheceu a Cristo? Como coloca a fé em prática? A resposta a essas perguntas pode lhe dizer mais sobre o relacionamento dele ou dela com Deus do que a igreja que frequenta aos domingos.

Uma vez que esteja usando um site que valorize a fé cristã, vai querer refinar seu filtro para encontrar alguém que combine melhor. Em outras palavras, o simples fato de o site ser cristão não significa que todas as pessoas ali serão o tipo de cristão que você está procurando. Assim, à medida que pensa a respeito de sua pessoa ideal, considere com atenção que questões relacionadas à fé são fundamentais para você. As questões a seguir são consideradas as mais importantes para muitas pessoas de fé. Use esta lista resumida para se situar:

> **Oração:** Para você, é importante encontrar alguém que tenha uma vida de oração regular e significativa? Caso seja, como você descreveria essa vida de oração?

> **Denominação:** Até que ponto é importante que seu par faça parte de uma denominação específica? Caso tenha crescido em uma Assembleia de Deus, por exemplo, enfrentaria alguma dificuldade se seu namorado em potencial fosse batista? Por quê?

Dízimo: Entregar à igreja 10% da renda é uma prática que você vê como essencial em seu namorado? Por quê?

Culto: O quanto é importante para você que seu namorado frequente os cultos semanalmente? Você se importaria caso ele ou ela fosse à igreja apenas de vez em quando?

Devocionais: Você considera fundamental que seu par tenha uma rotina e um período significativo de estudo bíblico e meditação na Palavra de Deus? Você ficaria aborrecido se isso não ocorresse? Por quê?

15

O Site Aproveita bem minha Personalidade para Maximizar as Combinações?

Há pouca diferença entre as pessoas, mas essa pequena diferença torna-se uma grande diferença.
– W. Clement Stone

Leia quase todos os perfis e em algum lugar você encontrará algo parecido com "Adoro rir" ou "Tenho um grande senso de humor". É quase inevitável.

E quando você lê o que as pessoas estão procurando em seu par ideal, com frequência escrevem "Quero alguém que me faça rir" ou "Estou em busca de alguém que compartilhe do meu senso de humor excêntrico".

Por que tantos solteiros procuram alguém para rir com eles? Tem a ver com personalidade. O senso de humor de uma pessoa é uma janelinha que mostra o quanto sua personalidade é inata. E muitas pessoas têm senso intuitivo suficiente para saber que, a fim de se dar bem com alguém, precisam partilhar senso de humor.

Pesquisas também endossam essa tendência:

> Provérbios 17.22 diz: "O coração alegre serve de bom remédio", e um estudo contemporâneo parece ressaltar essa verdade.
> Bob Hope conseguiu chegar aos 100 anos, e George Burns também. Coincidência? Talvez não, afirma Michael Irwin, da Escola de Medicina David Geffen, na Universidade da Califórnia em Los Angeles (UCLA). "Rir libera endorfinas — aqueles hormônios "do bem-estar" que supostamente aumentam a imunidade — e isso pode deixá-lo mais resistente a doenças".[1]

Mas rir é mais que um bom remédio quando se trata do amor da vida de uma pessoa. Partilhar um senso de humor semelhante torna-se uma "cola" poderosa entre vocês. Isso ajuda o casal a lidar com os momentos difíceis. Cura feridas emocionais. Rir é de vital importância para um amor duradouro. Mas aí está o perigo: O que é engraçado para alguns pode não ser engraçado para outros. Só porque afirmamos ter um bom senso de humor não significa que vamos ser um bom par para outras pessoas que dizem a mesma coisa em seus perfis. Cada um de nós ri de coisas diferentes por causa de nossa programação interna.

> Em uma pesquisa com mais de 14 mil participantes que avaliaram trinta piadas, as constatações foram inquestionáveis. Segundo o relatório, "cada piada teve um número considerável de fãs que a classificou como 'muito engraçada', embora outro grupo a tenha descartado como 'sem graça'". Tudo indica que nossas veias humorísticas estão em lugares diferentes. Alguns dão gargalhadas com as palhaçadas de Larry, Moe e Curly — os três patetas —, enquanto outros se divertem mais com o humor inteligente de Woody Allen.[2]

É aí que a personalidade entra em cena.

As melhores combinações se baseiam nas personalidades

Como palestrantes, temos experimentado ocasiões em que alguém ri alto de algo que quase ninguém achou graça. E, é claro, há pessoas que nem esboçam um sorriso quando quase todo o mundo está achando algo hilário. Qual é a explicação para isso? Diferenças de personalidade. Um senso de humor é apenas um dos muitos fatores mensuráveis em nossa personalidade. Introversão e extroversão são outros fatores importantes, assim como boa vontade, escrúpulo, curiosidade, rigidez, perfeccionismo, devoção, impulsividade, abnegação, etc.

Durante muitos anos, no segundo semestre, eu (Les) ministrei uma disciplina na universidade chamada Personalidade. Você encontraria esse curso em todos os currículos em cada faculdade nos Estados Unidos. É um padrão exigido para especialização em psicologia. Especialistas concordam que essa informação é fundamental para uma educação básica na ciência da Psicologia.

Leslie e eu chegamos a creditar que essa informação também deveria ser exigida para todos que se casam, pois o curso é um estudo das diferenças individuais. E quando você estuda como as pessoas são diferentes umas das outras, não pode deixar de entender como essas diferenças também podem ser usadas para aproximar pessoas.

Personalidades são dadas por Deus

Você não pode escolher sua personalidade da mesma forma que escolhe seu guarda-roupa. Falando de modo relativo, você só tem uma personalidade para a vida toda. Nasce com ela. É claro, você pode modificar partes de sua personalidade. E sua reação ao meio em que vive pode alimentar ou sufocar determinados aspectos. Mas em geral, sua personalidade representa seus traços naturais ou tendências. E toda personalidade tem pontos fortes e pontos fracos.

Sua personalidade está em seus genes. É inata. É dada por Deus. Você herdou um conjunto distintivo de traços que são fundamentais para sua natureza. Você *pode* se comportar de um jeito que não represente sua personalidade (até em namoros, por exemplo), mas isso sempre será temporário. Diversas situações podem exigir um comportamento que não é natural para você, mas quando a necessidade passar, voltará a agir de um jeito que represente seu verdadeiro temperamento. Isso porque sua personalidade é inata.

Personalidades têm pontos fortes e pontos fracos

Para você estar no seu melhor, é preciso satisfazer às necessidades de sua personalidade. Por exemplo, sua personalidade pode precisar de um plano detalhado com tempo para refletir sobre tudo — seja um grande projeto no trabalho, seja para uma noite na cidade. Um plano bem pensado o deixa feliz da vida. Mas se seu "par perfeito" não separar um tempo para elaborar um plano detalhado para qualquer coisa que lhe interesse, você inevitavelmente se sentirá desorientado. E à medida que sua ansiedade aumentar, você ficará irritado. Pior ainda, você se tornará passivo demais e perderá a fala quando lhe pedirem sua opinião.

Ou talvez sua personalidade precise de resultados rápidos. Você é decidido. No trabalho, toma decisões rápidas com segurança. Confia em seu instinto, e age sem pensar duas vezes. Com certeza, você não perde tempo em conversa fiada. Mas no momento em que seu "par perfeito" começa a arrastá-lo fazendo muitas perguntas, você fica mais enérgico. Talvez até impetuoso e exigente.

Sua personalidade e a do seu par devem ser levadas em consideração

Você está entendendo? Quando se trata de personalidades, nossas maiores forças podem se tornar as maiores fraquezas — se os traços de personalidade de seu parceiro não complementarem as suas. Em outras palavras, se seu "par perfeito" não nem sempre satisfaz às necessidades de sua personalidade, vocês enfrentarão momentos difíceis. É por isso que costuma usar um site de relacionamentos respeitável que investe tempo e dinheiro para levar a sério as diferenças de personalidade. Isso pode fazer toda a diferença para você.

Seu casamento será a combinação de duas personalidades únicas, poderosas e dadas por Deus. Cada personalidade traz uma combinação de forças e fraquezas ao relacionamento. A mistura desses dois conjuntos de traços e temperamentos cria um estilo de amar que funcionará a favor ou contra você. Se vier a se casar com a pessoa certa — com a ajuda de um site de relacionamentos que aproveita bem as personalidades —, você construirá uma vida a dois que com certeza suportará os momentos difíceis e trará significado e alegria à vida do casal.

Então relaxe e tente ser você mesmo da melhor maneira possível quando estiver em um bate-papo online ou em um encontro; você precisa ver se sua personalidade combina com a do seu namorado em potencial. E a única maneira de saber isso de verdade é sendo você mesmo.

LEMBRE-SE

Embora um site de qualidade use algum tipo de mecanismo que explore características da personalidade para fazer as combinações, você também pode descobrir muita coisa pelas fotos que as pessoas postam em seus perfis. O mesmo é verdade para você. É por isso que também queremos mencionar o valor de selecionar as melhores fotos a fim de fazer as melhores combinações. Com isso em mente, você pode achar úteis as seguintes dicas:

>**Certifique-se da precisão da foto:** Pode parecer óbvio, mas uma das maiores reclamações de pretendentes online é que as fotos não retratam que as pessoas são na vida real. Então, por que contribuir para o desapontamento de alguém que pode se interessar por você? Tenha certeza de que a foto mostra quem você realmente é.

>**Utilize uma foto recente:** Você pode ser tentado a postar sua foto favorita de oito anos atrás, mas resista a essa vontade. Uma boa regra prática é certificar-se de que sua foto tenha sido tirada nos últimos dois anos.

Esteja sozinho na foto: Muitas pessoas cometem o erro de postar fotos que incluem outras pessoas. Naturalmente, é desanimador para possíveis pretendentes que estejam analisando seu perfil, caso não saibam quem é você nas fotos. Por que as pessoas fazem isso continua sendo um mistério. Por favor, certifique-se de que a foto mostre apenas você.

Não poste uma foto feita em estúdio: Se você foi a um desses estúdios onde escolhem algumas roupas para você e enchem seu rosto de maquiagem para uma sessão de fotos que a faça sentir-se uma celebridade, contenha-se e não poste essa versão produzida como sua foto de perfil. Por quê? Porque é ilusório, e os interessados em você perceberão de imediato.

Certifique-se de usar uma foto em que esteja feliz: Isso também pode parecer óbvio, mas não tente "fazer drama" em sua foto. Você vai atrair pessoas mais interessantes com uma foto em que pareça estar se divertindo.

Se não tiver boas fotos, tire algumas: Muitas pessoas dizem que não têm boas fotos para postar. Bem, nunca foi tão fácil conseguir uma foto em close. Não é necessário contratar um profissional. Se não gostar das fotos que tem, peça a um amigo para bater algumas fotos suas — e continue fotografando até conseguir uma de que goste.

16
O Site Refina os Candidatos em Potencial para mim?

Menos é mais.
– Ludwig Mies Van Der Rohe

"Quando comecei a namorar online, achei que a melhor parte disso era ter muitas opções para escolher", declarou Jenny. "Era como se houvesse um estoque infinito de rapazes para analisar, e se eu não tivesse cuidado, poderia passar a noite toda diante do computador olhando fotos e lendo perfis."

Essa é uma reação típica de alguém que é novo no namoro online. Vamos encarar o fato: Após o que pode ter sido um longo deserto sem namorado nas noites de sexta-feira, um novo adepto do cibernamoro pode se sentir como uma criança na loja de doces. Talvez você esteja pensando: *O que há de errado nisso?* Bem, assim que você mergulha no imenso oceano de incontáveis possibilidades online, logo descobre exatamente o que está errado nisso. Antes de explicarmos, porém, queremos que você entenda um pouco mais sobre a psicologia de fazer escolhas. Isso pode fazer uma enorme diferença em como você conduz sua experiência de namoro online.

Quando menos é mais

No ano 2000, psicólogos sociais em Columbia e Stanford foram os primeiros a demonstrar cientificamente as desvantagens do excesso de escolhas. A equipe de pesquisa mostrou que quando compradores têm a opção de escolher entre um sortimento maior ou menor de geleias, expressam mais interesse no sortimento maior, que de fato atrai a atenção do comprador. Mas quando se trata de escolher apenas um pote de geleia, os compradores apresentam uma tendência dez vezes maior de comprar se escolherem entre seis opções do que entre 24 sabores de geleia.[1]

Entendeu? Se as escolhas do consumidor fossem mais restritas, eles ficavam mais propensos a encontrar o que estavam procurando. Talvez você esteja pensando que esse princípio se aplique apenas a coisas simples, como comprar geleia. O interessante é que quando os interesses são maiores, aplica-se o mesmo princípio.

Isso é comprovado por um estudo recente de como as pessoas se comportam diante de decisões financeiras acerca de sua aposentadoria. Pesquisadores analisaram escolhas de plano de aposentadoria — variando entre pacotes de 2 a 59 escolhas — entre cerca de 800 mil funcionários de 647 empresas. "Com o plano de aposentadoria patrocinado pelo empregador, as pessoas recebem grandes incentivos para participar por causa das vantagens fiscais e apoio do empregador", comenta o pesquisador. "Assim, basicamente, se você escolhe não participar, está perdendo dinheiro."[2]

O artigo continua: "No entanto, em vez de levar a escolhas mais refletidas, o excesso de opções levou as pessoas a agir como os compradores de geleia: Quando foram oferecidas duas escolhas, 75% participaram, mas quando foram oferecidas 59 opções, apenas 60% aceitaram participar. Além disso, quanto maior o número de opções, mais cautelosas as pessoas ficavam com suas estratégias de investimento... De um modo semelhante, escolhas demais também podem levar as pessoas a fazer julgamentos simples, rápidos, só para evitar o transtorno de passar por opções confusas".[3]

Aqui está o ponto principal disso tudo: Vários estudos descobriram que quanto maior o sortimento, mais difícil é para as pessoas escolherem, exceto sob uma condição — quando elas entram no processo com uma preferência nítida. E é exatamente por isso que é tão importante que você use um site de namoro que refine seus pares em potencial. O site faz isso com base em suas "preferências nítidas".

Quanto mais, melhor?

Quase todo o mundo acredita — erradamente — que sempre é melhor ter mais escolhas. Todavia, como vimos, estudos mostram repetidas vezes que opções demais são tão ruins quanto ter poucas opções. Por quê? Porque quanto mais nosso cérebro precisa procurar, mais difícil se torna ignorar informações irrelevantes. Também aumenta nossa tendência de nos distrairmos com (ou sermos atraídos por) atributos que de início não eram relevantes ou pertinentes em nossa busca original — especialmente quanto se trata de namoro online.

O marketing do namoro online com frequência sugere que ter mais escolhas é mais benéfico porque oferece mais opções. Há alguma verdade nisso, é claro. (Destacamos esse fato em um capítulo anterior.) Porém, o que eles não dizem é que quanto mais opções você tem, mais trabalhoso será para encontrar perfis que estejam de acordo com o que está procurando.

Por exemplo, imagine que você esteja em um site de namoro com o objetivo de encontrar homens com nível superior, um peso e tipo físico determinados, e que queiram ter filhos. À medida que procura em meio aos milhares de homens que se enquadram nesses critérios, você começa a observar a cor do cabelo ou dos olhos de um homem, ou que ele foi para Harvard, e não para Ohio State. Essas distrações o afastam do seu critério original, e, de fato, garantem que você passe muito mais tempo procurando do que se o conjunto de informações fosse menor, para começar.

Você pode estar achando legal, pode estar feliz em passar muito tempo acessando um milhão de perfis. Tudo bem, só que não há mais tempo a perder. A pesquisa também mostra que quando nosso cérebro começa a procurar em meio a tantas opções, você tem mais chances de fazer escolhas que podem não ser as melhores.[4] Nosso cérebro simplesmente não é muito bom em tentar a sorte com centenas de escolhas possíveis, cada uma com dezenas ou até centenas de atributos relevantes.

Se você passou muito tempo em sites de namoro, analisando cuidadosamente incontáveis opções, não precisa ser convencido desse fato. Os melhores sites não abrem simplesmente as comportas de possibilidades sem ajudá-lo a refinar sua busca a partir do que é mais importante, destacando então os candidatos em potencial que mais combinam com você. Com certeza você será mais bem-sucedido em um site que delimite suas opções com base no que já está determinado a procurar.

LEMBRE-SE

Enquanto analisa online seus pares em potencial, queremos manter suas considerações dentro da esfera "realista". Ou seja, você não vai querer perder tempo tentando avaliar todos os pares possíveis. Se agir assim, vai enlouquecer! Então aqui estão algumas dicas para manter o foco:

> **Leia o perfil:** Uma vez que tenha descoberto um perfil e uma foto que despertem seu interesse, leia, leia, leia! Muitos pretendentes online não fazem isso. Eles entram em contato antes de realmente saberem qualquer coisa sobre a outra pessoa. Não caia nessa armadilha. Você descobrirá muitas informações lendo o perfil, então não fique apenas "olhando as fotos".

> **Apegue-se aos fatores que considera obstáculos a um relacionamento:** Enquanto você está analisando suas muitas opções online, pode ser tentador considerar algumas que não são muito adequadas. Não faça isso. Será perda de tempo. Mantenha sua lista de empecilhos bem à sua frente de modo que procure apenas candidatos sérios.

Peça a opinião de outras pessoas: Se começar a se sentir como se estivesse em uma sorveteria com tantos sabores a ponto de deixá-lo indeciso, pergunte o que outros pensam. Eles quase sempre têm uma opinião. E por "outros" queremos dizer pessoas que o amam e se importam com você. Quase sempre é útil ter um comentário mais objetivo. E com certeza é uma forma de ajudá-lo a manter o foco em suas melhores opções.

17

O Site me Ajuda a Olhar além de uma Simples Foto e um Parágrafo?

*O amor só é possível se duas pessoas se comunicam
mutuamente a partir do centro de suas existências.*
– Erich Fromm

"Agora observo por um tempinho os perfis para um possível namoro, e eles estão começando a parecer iguais", diz Rhonda. "É como procurar em uma mesa de suéteres em um bazar de garagem e descobrir que todos são a mesma coisa, bege com um furo em baixo da manga."

Rhonda levanta uma boa questão. Os perfis para namoro online são muito limitados. Todo o mundo parece ser uma boa pessoa, atraente, interessante e inteligente. Os homens adoram passear na praia sob a luz da lua e preparar um jantar romântico à luz de velas para alguém especial. As mulheres são tranquilas, centradas, divertidas e se interessam por esportes. Tanto os homens quanto as mulheres têm muitos *hobbies* e interesses maravilhosos, que causa surpresa terem algum tempo livre para namorar. O tipo de parágrafo a que Rhonda se refere estaria acompanhado de uma foto escura da pessoa no perfil, da qual mais alguém foi cortado. Uma segunda foto, tirada de longe, mostra uma pessoa em pé à beira de um lago, e o texto seria mais ou menos assim:

> Bem, tenho que me apresentar com pelo menos cem palavras sobre mim. Então vamos lá, sou sincero e criativo. Sou cristão e amo a minha igreja. Gosto de relaxar, mas também sou espontâneo. Sou carinhoso, companheiro e bem humorado. Posso me divertir com quase tudo. Não tenho muito interesse por teatro ou jogos virtuais. Gosto de conhecer novas pessoas e explorar novos lugares. Gosto de ler de vez em quando, mas não me lembro do último livro que li. Sou um profissional dedicado, e amo o que faço. Trabalho muito, mas também me divirto bastante. Quando não estou a fim de ficar em casa, gosto de lugares ao ar livre e de viajar. Um bom encontro poderia ser ficar em casa assistindo a um filme e comendo pipoca, ou um jantar em um restaurante agradável. Adoraria conhecer a Europa um dia. Essa é uma pequena amostra de quem sou. Completei cem palavras? E o que você diz? Será que você é o meu par? Por que não nos damos uma chance para ver?

Achamos que você concorda que não é preciso ler muitos parágrafos como esse para ficar tão entediado quanto Rhonda. As palavras revelam quase nada sobre a pessoa. Na verdade, o parágrafo poderia descrever qualquer outra pessoa. É por isso que parágrafos como esse, cheios de trivialidades, são quase inúteis.

Indo além do parágrafo insosso

É claro, alguns pretendentes online fazem um bom trabalho ao se descreverem e conseguem transmitir uma boa ideia de

Cinco Perguntas que Você Deve Fazer antes de se Cadastrar

quem são. Eles fazem isso fornecendo algumas informações específicas. Dê uma olhada nos seguintes exemplos:

> Costumo me comunicar melhor com pessoas que são analíticas. Dificilmente me sinto ofendido por uma opinião forte, desde que a pessoa esteja baseada em fatos. Tenho compromisso com minha fé cristã e levo a sério a caminhada seguindo os passos de Jesus. Atuo como voluntário na operação dos equipamentos de audiovisual em nossa igreja. Posso ser meio sarcástico às vezes, mas é só para descontrair (então me provoque). Gosto de ler qualquer livro de Charles Colson, Philip Yancey e Chuck Swindoll. Também gosto de filmes de ficção científica, e sou fanático por temas relacionados a história (principalmente a Segunda Guerra Mundial). Comparado a muitos rapazes, não tenho muito interesse em esportes, a menos que esteja com outras pessoas que se interessem, embora eu corra regularmente e tenha participado de algumas maratonas, até surgirem problemas em meu joelho há dois anos. Se pareço ser alguém que despertaria seu interesse, gostaria de conhecê-la.

Não importa se você gostou ou não desse perfil, ele passa uma impressão melhor de quem é essa pessoa do que o primeiro exemplo. Concorda? Infelizmente, essas descrições objetivas são raras. Coye Cheshire e colegas da Universidade da Califórnia-Berkeley estudaram diversos perfis de namoro online e observaram que "embora as pessoas achem que seus critérios são distintos, quase todos os perfis afirmam que as pessoas gostam de jantares agradáveis, filmes e longas caminhadas na praia. [...] O interessante é que a maneira de tentarmos mostrar que somos especiais e únicos é o fato de fazermos coisas que quase todos os outros também gostam".[1]

O site deve fazer isso para você

De um jeito ou de outro — seja um perfil sem graça como um suéter bege de segunda mão, seja um perfil tão distinto quanto um tricô que acabou de ser feito —, um bom site de namoro o levará para além das fotos e parágrafos que um pretendente apresenta e fornecerá algum esclarecimento para ajudá-lo a alcançar um entendimento mais profundo sobre uma pessoa em particular e sobre o quanto vocês poderiam estar em harmonia. Como? Combinando seu perfil de personalidade e um sofisticado método de alinhamento de suas preferências em um par ideal. Você não precisa buscar nada mais que um site que priorize encontros com base no que está procurando e no que a ciência dos relacionamentos prescreve.

LEMBRE-SE

Se você está levando a sério a ideia de experimentar o namoro online, queremos deixá-lo com um resumo de algumas dicas que irão ajudá-lo a aproveitar melhor sua experiência. É claro, são apenas alguns itens mais importantes que observamos ao longo deste livro. Então considere as dicas abaixo como fundamentais para o sucesso online:

> **Seja você mesmo:** É preciso repetir isso sempre. Você nunca tentaria enganar alguém em um namoro na vida real, então não faça isso online. Isso só causará um curto-circuito em qualquer namorado em potencial quando tiver que mostrar a realidade em um encontro.

Cinco Perguntas que Você Deve Fazer antes de se Cadastrar

Seja fiel aos seus valores: Isso é essencial. Caso se sinta tentado a explorar um relacionamento com alguém que não atenda aos seus padrões, você está procurando sofrimentos futuros. Não se envolva nisso. Mantenha seus "fatores impeditivos" bem claros em seu pensamento quando estiver namorando. Considere-os como o seu compasso, e não se desvie do curso.

Esteja em sintonia com seu medidor de falsidade: Se você está percebendo uma vibração estranha em um namorado em potencial, preste atenção. É um sinal de alerta que você não deve ignorar. Se tiver a impressão de que um perfil não é realmente autêntico ou se sentir que a pessoa é carente demais, ou qualquer outra coisa, não descarte seus pensamentos intuitivos. Analise um pouco mais para ver se há algo que justifique sua intuição, e se houver, saia.

Peça a orientação de Deus: A atitude mais importante que você pode ter no processo de namoro online é pedir a ajuda de Deus, de modo regular e consistente, para tomar boas decisões. Ore pedindo direção e sabedoria com cada parceiro em potencial que você levar em consideração.

No início deste livro, nós lhe contamos que após anos de estudo sobre a experiência de namoro online, anos pesquisando o que funciona melhor, nos sentimos impelidos a fazer mais do que escrever um livro sobre o assunto. Decidimos lançar um site de relacionamentos que faria tudo o que desejávamos para solteiros cristãos. De fato, no final a decisão de lançar um site tornou-se mais um chamado, ou mesmo uma compulsão.

Dedicamos boa parte de nossa vida profissional ajudando casais a edificar casamentos fortes e gratificantes. Nossa oração é que você encontre o amor que Deus preparou para você, e desfrute de uma vida conjugal significativa e recompensadora.

Sobre os Autores

Drs. Les e Leslie Parrott são fundadores e codiretores do Centro para Desenvolvimento de Relacionamentos no *campus* da Seattle Pacific University, um programa inovador dedicado a ensinar as bases de bons relacionamentos. Les é professor de psicologia e Leslie é terapeuta conjugal e familiar. São autores de diversos livros premiados, incluindo *Conversa de Amor*, editado pela CPAD. O casal concedeu entrevistas no programa *Oprah*, *CBS This Morning*, CNN e *The View*, e nos jornais *USA Today* e *The New York Times*. São palestrantes conhecidos e escrevem para diversas revistas. Les e Leslie vivem em Seattle, Washington, com seus dois filhos. São cofundadores do site **MyRightSomeone.com**.

Notas

Introdução

[1] Mark J. Penn. *Microtrends: The Small Forces behind Tomorrow's Big Changes*. Nova York: Twelve Publishers, 2007, p. 24.

[2] Ellen McCarthy. "Marriage-Minded Do Better Online Than at Bars, Survey Claims", *Washington Post*, 25 de abril de 2010, http://www.washingtonpost.com/wp-dyn/content/article/2010/04/23/AR2010042300014.html (acessado em 12 de agosto de 2010).

[3] Penn, *Microtrends*, p. 25.

Capítulo 1

[1] Joe Tracy, "Editorial: Online Dating — Is the Stigma Gone?", *Online Dating Magazine*, abril de 2006, http://www.onlinedatingmagazine.com/columns/2006editorials/04-onlinedatingstigma.html (acessado em 12 de agosto de 2010).

[2] Martin Lasden, "Of Bytes and Bulletin Boards", *The New York Times*, 4 de agosto de 1985, http://www.nytimes.com/1985/08/04/magazine/of-bytes-and-bulletin-boards.html?sec=techmology&spon=&pagewanted=2 (acessado em 12 de agosto de 2010).

[3] Heidi Stevens, "Chicago Couple Blazed the Trail for Internet Love", *Chicago Tribune*, 18 de maio de 2008.

[4] Meredith Farley, "Online Dating Becoming More Common in Seniors", *Your Retirement Living Connection*,

16 de junho de 2010, http://www.retirementhomes.com/library/senior-living/retirement-living/online-dating-becoming-more-common-in-seniors-201006161238.html (acessado em 13 de agosto de 2010).

[5] Leslie Gray Streeter, "Even Grandparents Find Success with Internet Matchmaking", *Palm Beach Post*, 15 de junho de 2010, http://www.palmbeachpost.com/news/even-grandparents-find-success-with-internet-matchmaking-749473.html?printArticle=y (acessado em 12 de agosto de 2010).

[6] Mary-Anne Toy, "One in Four Adults Finds Mate Online", *Sydney Morning Herald*, 17 de abril de 2010, http://www.smh.com.au/technology/technology-news/one-in-four-adults-find-mate-online-20100416-skjk.html (acessado em 13 de agosto de 2010).

[7] Ellen McCarthy, "Marriage-Minded Do Better Online Than at Bars, Survey Claims", *Washington Post*, 25 de abril de 2010, http://www.washingtonpost.com/wp-dyn/content/article/2010/04/23/AR2010042300014.html (acessado em 13 de agosto de 2010).

Capítulo 2

[1] "GPS Shows Couple True Love", WPBF.com, 16 de abril de 2010, http://www.wpbf.com/news/23174248/detail.html (acessado em 13 de agosto de 2010).

Capítulo 3

[1] Chris Lake, "Quechup Launches Worldwide Spam Campaign", E-consultancy.com, 7 de setembro de 2007, http://

econsultancy.com?blog/1718-quechup-lauches-worldwide-spam-campaign (acessado em 21 de maio de 2010).

[2] Christian Rudder, "Why You Should Never Pay for Online Dating", *Ok Trends*, 7 de abril de 2010, http://blog.okcupid.com/index.php/why-you-should-never-pay-for-online-dating/.

Capítulo 4

[1] University of Kansas, "Online Daters Behave Similarly Those Who Meet Face-to-Face, Researcher Says", *Science Daily*, 8 de março de 2010, http://www.sciencedaily.com/releases/2010/03/100303131703.htm (acessado em 13 de agosto de 2010).

[2] J. T. Hancock, C. Toma e N. Ellison, "The Truth about Lying in Online Dating Profiles", em *Proceedings of the ACM Conference on Human Factors in Computing Systems*. Nova York: Association for Computing Machinery, 2007, p. 449-452.

[3] University of Kansas, "Online Daters Behave Similarly".

[4] Jeffrey A. Hall e outros, "Strategic Misrepresentation in Online Dating, The Effects of Gender, Self-monitoring, and Personality Traits", *Journal of Social and Personal Relationships* 27 (fevereiro de 2010): p. 117-135.

[5] University of Kansas, "Online Daters Behave Similarly".

Capítulo 6

[1] Para uma discussão mais detalhada, veja Garry Friesen, *Decision Making and the Will of God: A Biblical Alternative to the Traditional View* (Portland, OR: Multnomah, 1980).

Capítulo 7

[1] Mary-Anne Toy, "One in Four Adults Finds Mate Online", *Sydney Morning Herald*, 17 de abril de 2010, http://www.smh.com.au/technology/technology-news/one-in-four-adults-find-mate-online-20100416-skjk.html (acessado em 15 de agosto de 2010).

Capítulo 8

[1] Craig Wilson, "Many Singles Happy to Be Alone", *The Olympian*, 25 de outubro de 2001, http://news.theolympian.com/Census2000/128114.shtml (acessado em 15 de agosto de 2010).

Capítulo 9

[1] Robert W. Firestone e Joyce Catlett, *Fear of Intimacy*. Washington, DC: American Psychological Association, 2000, p. 28.

Capítulo 10

[1] Bernice Kanner, "Are You Normal about Money?" *Ladies Home Journal*, outubro de 1998.

[2] Factoide no *U.S. News & World Report*, 11 de dezembro de 1995.

Capítulo 11

[1] Peter Kramer, "Should You Leave?" *Psychology Today* (1 de setembro de 1997), p. 38-45. Veja também http://www.psychologytoday.com/articles/199709/should-you-leave (acessado em 15 de agosto de 2010).

Notas

[2] Bruce Fisher, EdD, e Robert E. Alberti, PhD, *Rebuilding When Your Relationship Ends* (Atascadero, CA: Impact Publishers, 1999).

[3] Erich Fromm, *The Art of Loving* (Nova York: HarperCollins, 1989), p. 4.

Capítulo 12

[1] "Online Dating Safety", RSVP.com, www.rsvp.com.au/help/safe+dating+tips.jsp (acessado em 16 de agosto de 2010).

Capítulo 13

[1] *Seinfield*, 7ª temporada, episódio 111, "The Engagement", http://www.youtube.com/watch?v+suAhGfVr_4U (acessado em 16 de agosto de 2010).

[2] James A. Davis, "New Money, na Old Man/Lady, and 'Two's Company': Subjective Welfare in the NORC General Social Surveys, 1972-1982", *Social Indicators Research* 15 (1984): p. 318-350.

Capítulo 14

[1] Henry Cloud e John Townsend, *Boundaries in Dating: Making Dating Work* (Grand Rapids: Zondervan, 2001), p. 50.

[2] Provérbios 27.17 (ARA)

Capítulo 15

[1] "Laughter Is the Best Medicine", PreachingToday.com, http://preachingtoday.com?illustrations/weekly/07-05-14-2051407.html (acessado em 16 de agosto de 2010).

[2] Dr. Les Parrott III e Dra. Leslie Parrott, *Questions Couples Ask: Answers to the Top 100 Marital Questions* (Grand Rapids: Zondervan, 1996), p. 69.

Capítulo 16

[1] Ira Smolowitz, PhD, "Consumer Marketing: A Flawed Strategy", http://wwwapicsacramento.com/docs/Consumer Marketing.pdf (acessado em 16 de agosto de 2010).

[2] Tori DeAngelis, "Too Many Choices?" *The APA Monitor* 35.6 (junho de 2004): p. 56.

[3] DeAngelis, "Too Many Choices?"

[4] P. L. Wu e Wen-Bin Chiou, "More Options Lead to More Searching and Worse Choices in Finding Partners for Romantic Relationships Online: An Experimental Study", *CyberPsychology & Behavior* 12:3 (junho de 2009): p. 1-4.

Capítulo 17

[1] Stephanie Rosenbloom, "The Ritual of the First Date, Circa 2010", *The New York Times*, 16 de agosto de 2010, p. ST1 da edição nacional.